Michael Lonsdale

L'Amour sauvera le monde

Mes plus belles pages chrétiennes

Photographies d'Olivier Martel

Philippe Rey

Les titres des extraits des œuvres ont été parfois ajoutés par l'Auteur.

Les références bibliographiques des œuvres citées
ainsi que les légendes des photographies
se trouvent en fin d'ouvrage.

L'éditeur remercie Marc Prieur de la Comble
et Yvon Bertorello pour leur collaboration
qui a permis la publication de ce livre.

Conception graphique : Stéphane Rébillon

15, rue de la Banque
75002 Paris

www.philippe-rey.fr

L'Amour sauvera le monde

Dostoïevski a écrit cette phrase devenue célèbre : « La beauté sauvera le monde. » J'ai longtemps nourri cet espoir, moi aussi, puisque la confiance en l'art a guidé ma vie de comédien et d'acteur.

Pourtant, de la beauté, j'ai ressenti les limites. Elle élève les sentiments, guérit, soulage, donne une raison d'avancer, de faire un effort sur soi-même. Mais elle ne peut pas retourner une âme, la diriger vers une lumière neuve. Cela, seul l'amour le peut.

Oui, je le crois profondément, c'est l'amour qui changera le monde. Le véritable amour, celui qui unit Dieu à toute Sa Création. Le jour où les hommes répondront à cet appel d'amour, ils en seront transformés, et le monde sera sauvé.

L'amour de Dieu permet de découvrir à quel point l'être humain est extraordinaire, quel qu'il soit. Chacun d'entre nous est une espèce de trésor, même si nous sommes mal fichus et par moments insupportables. C'est magnifique, une personne – magnifique, ce qu'il y a en elle de paix, de chagrin, de joie. Le genre humain est un sujet de contemplation pour moi, de plus en plus : je vois Dieu dans les êtres, je sais qu'Il est là, même si caché souvent, parfois enfermé, muré dans beaucoup d'individus qui ne Le connaissent pas et qui en souffrent. À ceux-là, je dis qu'il existe quelque chose qui peut leur changer la vie, les rendre plus heureux.

Chacun a son mystère... Le mien, s'il en est, se trouvera ici éclairé par les choix que la vie m'a amené à faire, sous l'effet conjugué de la volonté et du hasard. Le hasard ? J'en rappellerai la définition d'Einstein : c'est Dieu qui descend incognito sur la terre.

Mon chemin vers la foi

Si loin que je m'en souvienne, la foi m'est venue tout doucement… Je n'avais pas été baptisé enfant. Mon père était protestant, non pratiquant. Ma mère était catholique, mais gardait un très mauvais souvenir de son éducation chez les sœurs en Angleterre, à coups de menaces: « tu seras damnée », « tu iras en enfer »… Elle n'est pas restée hostile au Christ, puisqu'elle s'est remise à pratiquer passé 60 ans, après avoir relu Pascal.

Tout petit, j'étais attiré par Dieu. Dieu, plus que par la religion. À Rabat où nous vivions, une amie de ma mère, peintre, m'emmenait parfois le dimanche à la cathédrale où j'aimais l'odeur de l'encens. Un jour, à force d'entendre répéter « Alléluia », j'ai demandé à la dame qui m'accompagnait: « Luia, c'est qui ? » C'est dire si j'étais doué…

Une autre relation de maman, adventiste, lui avait dit: « Ce petit a des dispositions. » Des dispositions spirituelles ? En tout cas, c'est après une cérémonie au temple où elle m'avait emmené qu'elle formula ce diagnostic. Je me souviens de m'être levé pendant l'office et d'avoir pris la parole… Pour dire quoi ? Comme souvent, l'impression seule demeure, tandis que le contenu s'efface. C'est ainsi que les choses se sont imprimées en moi, sous forme de sensations plus que d'idées. Je me rappelle des chants religieux, une nuit de Noël, qui m'avaient grandement ému. Mais tout ça n'allait pas plus loin.

Quand on leur demandait si je serais un jour baptisé, mes parents répondaient que je choisirais moi-même plus tard. Mon père ne parlait jamais de religion. Ma mère, elle, restait ouverte à la foi. Dès mon plus jeune âge, elle m'avait donné un livre, *The Life of Jesus*, qui m'avait beaucoup plu et que j'ai toujours.

Mon cheminement spirituel a vraiment commencé grâce à un musulman, un antiquaire de Fès. Cet homme de belle prestance avait été engagé pour jouer dans un film. Nous étions plusieurs jeunes qui nous retrouvions autour de lui pour parler de Dieu. J'aimais sa façon de s'exprimer, il m'impressionnait. À tel point que je me suis dit un moment: je vais peut-être me faire musulman, pourquoi pas ?

Mon baptême

Après la guerre, mes parents se sont séparés et j'ai vécu dans ma famille maternelle, que je connaissais très peu. J'étais soudain plongé dans un milieu très cultivé, j'étais terrorisé par Paris que je trouvais abominable, triste et noir. C'est l'art qui m'a offert l'évasion intérieure dont j'avais besoin.

J'ai fréquenté les Ateliers d'art sacré fondés par Maurice Denis, place de Fürstenberg, dans l'ancien atelier de Delacroix. C'est là que j'ai assisté à une conférence d'un dominicain, le père Pie Raymond Régamey. Cet homme tellement lucide et clairvoyant sur ce qu'étaient la foi et l'art m'a fasciné : il est devenu mon père spirituel et m'a proposé de me faire baptiser, à l'âge de 22 ans. Mon baptême fut une véritable initiation. En pleurant toutes les larmes de mon corps, je dis « oui », dans une adhésion absolue.

Au même moment, la providence m'a envoyé ma marraine. C'était une aveugle, qui a débarqué dans ma vie et m'a conduit d'une façon maternelle vers la foi en m'expliquant tout.

Mon chemin n'avait rien de lisse, cependant. J'y avançais cahin-caha, loin d'être un chrétien modèle. Modèle, au sens où l'on adopte le mode de vie chrétien précisément balisé par la pratique : la messe chaque jour, la confession régulièrement. Beaucoup de chrétiens s'y conforment. Je ne faisais rien de tel. Je ne priais même pas. Mais je rencontrais des gens fabuleux. Des sommités en matière de théologie au couvent Saint-Jacques, comme le père Marie-Dominique Chenu ou le père Yves Congar. Des gens d'une ouverture d'esprit, d'un accueil et d'une gentillesse hors du commun. J'avais accès à un autre monde. J'étais heureux.

La bondieuserie me révulsait. J'avais reçu un missel pour mon baptême, mais je confiai un jour au père que je ne pouvais pas supporter ce livre. Il me faisait l'effet d'une bimbeloterie. Il se fâcha : « Ce n'est pas sérieux, ce que vous dites. » Non seulement c'était sérieux, mais c'était même le signe que je ne parvenais pas à m'intégrer dans le milieu pratiquant. La paroisse de mon quartier me paraissait insupportable. Je m'y ennuyais souvent à périr, tout me semblait suranné, le cérémonial englué dans de vieilles histoires et de vieux chants. En même temps, au fur et à mesure de mes rencontres, un monde de plus en plus vaste s'ouvrait à moi. J'ai connu à l'église Saint-Séverin le père Joachim Moubarac, Libanais maronite, qui est devenu un grand ami. Grâce à lui, et à d'autres aussi, je comprenais que la vie spirituelle ne se bornait pas forcément aux limites d'une pratique: c'était des gens ouverts à l'art et à tous les cultes.

J'ai assisté aux conférences du fameux père Maurice Zundel, venu de Lausanne, invité par les dominicains. Il prêcha tout doucement l'Avent, à Saint-Séverin, et c'était surnaturel. Ses idées étaient si avancées que l'Église lui avait conseillé de prendre quelque repos en Suisse. Dans l'Église on trouve des médiocres à côté de gens fabuleux! Zundel disait que Dieu était la faiblesse même, qu'Il n'avait pour lui que Son Amour. La grande rencontre avec Dieu, disait-il, c'est le Jeudi saint. Ce jour-là, le Christ a lavé les pieds de ses disciples. Il ne faut pas voir Dieu sur Son trône, dans une magnificence pleine de naïveté. Dieu n'a pas de forme, il ne s'agit pas de Le faire parler. Sa forme humaine est le Christ. Dieu, Lui, c'est l'amour, seulement l'amour. Libre à chacun de le recevoir.

Le père Zundel était un tout petit bonhomme, frileux et drôle. J'étais si timide que je n'osais pas lui parler. C'était une lumière, de ces grands esprits toujours un peu en avance. Les dominicains sont souvent, eux aussi, des êtres prophétiques, à preuve les prêtres ouvriers, à qui on interdit de donner les sacrements. Ce poids de la tradition est un piège terrible pour l'Église, qui devrait plutôt savoir être mouvante comme la vie. Il ne suffit pas de trouver des formules et de s'y tenir sans rien changer. Non, il faut que l'Esprit avance, qu'il reconsidère toujours les choses. Il est bon parfois, sinon de tout transformer – l'Évangile n'en a certes pas besoin –, du moins de modifier un peu, à travers quelques mots. Dans le « Notre Père », par exemple, on trouve cette formule: « Que Ta volonté soit faite. » Certains ont proposé une autre traduction: « Que Ton désir soit accompli. » Je trouve cette expression infiniment plus belle.

Sauvé par l'Esprit-Saint

Jusqu'à l'âge de 40 ans, tout se passa bien. Puis, en l'espace d'une année, j'ai perdu ma mère, ma tante, mon oncle, ma marraine, d'autres proches. J'ai plongé dans une sorte de désert de tristesse, de désespoir. J'ai eu seulement la force de dire: « Seigneur, sauve-moi parce que je ne sais pas si je vais continuer à vivre. »

La réponse est venue de mon parrain, qui passait par hasard à Paris. Voyant mon état, il m'a emmené à Saint-François-Xavier. Là, j'ai découvert une assemblée de trois cents personnes, joyeuses, qui levaient les mains dans une merveilleuse allégresse commune. J'ai été bouleversé par leur communion dans l'Esprit-Saint. Je suis né le jour de la Pentecôte, et l'idée de l'Esprit a toujours fait naître en moi une émotion sublime. Ce spectacle m'a porté au plus haut. Chacun y recevait l'appel de Dieu à sa façon. Par la suite, je me suis rendu à des journées de guérison, organisées par le père Emiliano Tardif. J'ai vu des malades guérir.

J'aime beaucoup le Renouveau charismatique, qui représente une grande ouverture. Ces chrétiens partagent et accueillent, on prie ensemble. Ce sont des protestants, dans des universités américaines, qui ont lancé ce mouvement au cours des années soixante-dix. Il prône un retour à l'Esprit-Saint, développe le charisme en nous, car nous sommes tous très doués, nous avons des talents inconnus de nous-mêmes. Les charismatiques reprennent la parole de saint Paul dans l'Épître aux Corinthiens: « Il y a diversité de dons, mais le même Esprit ; diversité de ministères, mais le même Seigneur ; diversité d'opérations, mais le même Dieu qui opère tout en tous. Or, à chacun la manifestation de l'Esprit est donnée pour l'utilité commune. »

Renouveau, partage, chants: les assemblées sont merveilleuses. J'éprouvais des difficultés à prier en solitaire. Ces groupes ont servi de déclencheur. On a prié pour moi. J'ai prié pour les autres. Désormais, la prière surgit, spontanément. N'importe où: dans le métro, pendant un déjeuner. Dans la beauté et le partage.

Chrétien charismatique, je souhaite l'évolution de l'Église, l'ouverture, la communication hors de tout esprit de paroisse. J'ai fait plusieurs retraites à Laval, à Notre-Dame de Port-du-Salut, à l'abbaye de Lérins sur l'île Saint-Honorat. Ce sont des lieux de repos, de méditation. Le silence est d'or dans ce bruyant monde moderne, où l'on n'arrête pas de gesticuler. J'ai besoin de silence. Je connais bien la règle de saint Benoît. Certes, on ne peut pas l'appliquer dans notre vie quotidienne, au troisième millénaire, mais on peut s'en inspirer: c'est un exemple de fraternité vraie.

Depuis les Évangiles le Seigneur nous demande notre amitié ! J'essaie de vivre ainsi le plus possible. Ma journée est remplie de prière, comme un dialogue incessant avec lui. Je donne tous les moments que je vis au Seigneur. C'est une intimité, un partage immédiat avec lui. Il m'est arrivé de prier sur scène, quand je n'avais pas à parler, pendant dix minutes. Le public ne le voyait pas… Mais surtout, j'essaie d'aimer tous ceux qui m'entourent. Car le message du Christ passe d'abord par l'amour du prochain.

Être chrétien, c'est répondre aux propositions du Christ. C'est un mode de vie, je n'en ai pas trouvé de plus beau, j'y adhère complètement. Le Seigneur est exigeant, c'est difficile d'obéir. Sa demande paraît simple, pourtant: « Aimez-vous les uns les autres. » Mais on a du mal à la mettre en pratique, on a souvent tendance à critiquer les autres, à porter un jugement.

Je ne suis plus le même depuis que la foi m'a « retourné ». J'étais un chrétien un peu tiède, vivant égoïstement. La foi m'a appris le pardon et le refus du jugement. La religion est devenue l'essentiel de ma vie, intimement liée aux deux autres piliers de mon existence que sont le cinéma et la peinture. L'expression artistique est un don de Dieu.

Continuer à jouer

Associer la beauté et la foi m'a aidé tout au long de ma vie d'acteur. Au départ, c'est le père Carré, aumônier des artistes, qui m'a recommandé d'aller suivre les cours de Tania Balachova. C'est là que j'ai véritablement pris mon envol. Auprès de cette femme remarquable, pédagogue exemplaire, intelligente, amoureuse de ses élèves, j'ai pu sortir de ma timidité. Alors que j'avais peur de tout, que j'étais plein d'inhibition, elle m'a fait éclore parmi une pépinière de talents – Laurent Terzieff, Jean-Louis Trintignant, Delphine Seyrig, Antoine Vitez…

Tania m'a déclaré: « Comédien vous êtes, sans quoi vous ne seriez pas là, mais il faut que vous acceptiez d'interpréter tous les sentiments humains, du plus terrible au plus tendre. » Et elle a ajouté: « Vous ne ferez pas grand-chose avant l'âge de 30 ans parce que vous n'êtes ni français ni anglais, il est difficile de vous définir. Vous êtes peut-être belge ? » Elle voulait dire que j'étais ailleurs, et elle avait raison.

C'est effectivement vers 30 ans que j'ai commencé à pouvoir choisir mes rôles, et surtout que j'ai éprouvé un plaisir croissant. Le père Régamey, au moment de mon baptême, m'avait énoncé une grande vérité : « Vous direz au public des choses que vous ne pourrez dire à personne dans votre vie. » Je n'ai jamais oublié cette phrase.

Au fond, je crois que, si j'ai voulu devenir comédien, c'était pour continuer à jouer. Quand vous êtes enfant, vous aimez que l'on vous raconte des histoires. Chez moi, peut-être cette envie s'est-elle prolongée jusqu'à aujourd'hui. Jouer est une façon d'échapper à moi-même. J'ai été un enfant adultérin, comme on disait à l'époque : ma mère est partie avec un autre homme alors qu'elle était mariée. Mon grand-père maternel était un enfant naturel, de même que mon arrière-grand-père : trois générations. On m'a caché pendant longtemps, c'était la honte de la famille. Comme les enfants ressentent tout, il est possible que j'aie voulu montrer depuis que j'existais malgré tout. J'ai besoin d'être sous le soleil, d'attirer l'attention pour compenser le fait que je n'y ai pas eu droit dans mon enfance. On peut voir là un besoin d'amour.

Mon père spirituel disait : « Tout le monde joue un rôle. Le problème, c'est de le jouer bien. »

Durant ma carrière professionnelle, on m'a beaucoup sollicité. J'ai parfois hésité entre deux propositions de rôle dont l'une était spirituelle et l'autre non. Dans ces cas-là, j'entendais une voix qui me disait : « Viens vers Moi, c'est plus important que du divertissement. » J'essaie de mettre Dieu en premier dans ma vie. Il ne faut pas avoir peur du changement, de sortir des sentiers battus : le Christ nous bouscule ! Les œuvres de Dieu sont toujours en devenir, jamais installées dans la tranquillité.

Il n'est jamais trop tard pour le grand amour

Le cinéma est plus propice que n'importe quel autre milieu pour témoigner. Pendant longtemps les croyants n'osaient pas s'avouer tels, parce que beaucoup de gens, les plus passionnants, étaient des gens de gauche qui méprisaient la foi, la considéraient comme un recul de l'intelligence. Lorsque j'évoquais Dieu, on me rétorquait : « Écoute, arrête de me casser les pieds avec ça ! » Alors nous, les croyants, intimidés, on ne disait rien, on la bouclait.

Un de mes grands amis, Mgr Dominique Rey, maintenant évêque de Toulon, m'a dit: « Quand on possède un trésor comme la foi, il ne faut pas le garder pour soi, il faut le partager, en parler autour de soi. » Alors, sous sa tutelle, on a fondé un groupe de prière pour les artistes, qui a duré vingt ans. Ce fut une expérience formidable d'accueil, de partage, de prière les uns pour les autres. Beaucoup ont débarqué là dans des états graves de malheur. On les a aidés, on a prié pour eux. Ils ont été soulagés, ils savaient qu'ils n'étaient plus seuls.

Au fond, les artistes ne sont pas si loin de la foi: ils cherchent la beauté, la vérité, l'expression, l'émotion. Mais ils font un métier rempli de tentations: gloire, vanité, argent... Dans ma vie, je n'ai jamais établi de frontière entre l'art et la foi. Je suis artiste et croyant. On me demande souvent comment j'ai pu servir avec conviction le théâtre d'avant-garde, celui de Beckett par exemple... N'est-ce pas là une remise en question de l'idée de Dieu ? Dans *En attendant Godot*, on attend longtemps, tout de même... À notre époque, le spirituel s'incarne plutôt, comme chez Beckett, dans le désespoir, dans un regard assez pessimiste, empli d'humour aussi, sur la condition humaine, une mise en majesté du rebut humain. Un regard d'une incroyable commisération.

Je pense que tous les grands artistes, croyants ou non, sont préoccupés par l'idée de Dieu. L'art est une transposition de la vie, qui tend à montrer l'invisible. Cette capacité de sentir et de pressentir est présente chez beaucoup d'artistes. Marguerite Duras disait toujours: « Je ne crois pas en Dieu, mais j'en parle tout le temps. » Le Seigneur habite chez tous les êtres, même de façon souterraine...

Une œuvre d'art est un levier considérable. Certains se sont convertis en entrant dans la cathédrale de Chartres, saisis par la grandeur et la beauté. D'autres en écoutant de la musique, en lisant un texte, en tournant un film – comme ce jeune acteur qui est devenu moine après avoir joué le Christ. Quand j'ai monté mon spectacle sur sainte Thérèse de Lisieux, une jeune femme, qui hésitait beaucoup à devenir carmélite, a vu le spectacle et a dit sitôt après: « Ça y est, j'ai compris, je vais y aller. »

Il ne faut jamais désespérer, le bonheur est toujours possible. Elles sont intimidantes, nos grandes civilisations, tout devient anonyme, on n'est plus personne. Les jeunes cherchent à quoi se raccrocher, comment exister. On aimerait que le regard de rédemption du Christ se pose plus souvent sur les êtres perdus. L'art peut y contribuer.

J'aime beaucoup la phrase de sœur Emmanuelle : « Il n'est jamais trop tard pour le plus grand amour. » Voilà une très belle parole. Elle avait une intelligence affûtée, elle était unique ! Et pour utiliser ses dons, elle a attendu d'avoir plus de 60 ans !

Je l'ai croisée plusieurs fois, l'été. C'était un pistolet, elle attaquait les gens de front : « Et vous, comment c'est la pauvreté dans votre vie ? » disait-elle à des gens très bien, très riches. Il s'ensuivait un grand silence.

Se faire l'instrument du Tout-Puissant peut donner des forces. Ne désespérons pas de l'humanité. Il faut aider le bien, le vouloir, le demander, et non attendre passivement. Pratiquer la prière, en appeler à l'Esprit-Saint. Mais il ne suffit pas d'une petite prière de temps en temps. Certains passent leur vie à prier.

Frère Luc, mon ami

Le tournage du film *Des hommes et des dieux* a été une étape très importante de ma vie, ne serait-ce que parce qu'il m'a permis de rencontrer la figure du frère Luc, de Tibhirine. Il incarne mon idéal : ne plus s'occuper de soi, constamment se dédier aux autres. Voilà une des plus belles trajectoires de la foi.

Frère Luc est un personnage riche, magnifique à jouer. J'étais souvent très ému – par exemple en improvisant cette scène où on le voit se serrer contre une reproduction de la flagellation : c'est ainsi, tout à coup, qu'il dit son amour pour le Christ, en acceptant de partager sa souffrance.

Luc était un frère convers, pas un prêtre. Les convers accomplissaient les tâches domestiques, au service de la communauté des moines. On lui avait proposé de devenir prêtre, mais il avait refusé, parce qu'il n'avait pas le temps d'assister aux cinq offices quotidiens : trop de gens attendaient pour être soignés. Pendant cinquante ans il a exercé la médecine, de 7 heures du matin à 10 heures du soir. Il a vécu des choses très difficiles car il a même soigné des terroristes. Si les villageois lui reprochaient : « Tu aides les gens qui nous tuent », il répondait : « Moi, c'est ce qu'il y a derrière le costume qui m'intéresse. »

Quand on lui a proposé de partir se reposer, il a refusé : « Dans une maison de retraite, je ne servirai plus à rien, tandis qu'ici je suis encore utile, alors je reste. » Il avait 82 ans.

Dans ce film, je n'ai pas eu l'impression de jouer : j'ai vécu. Luc était là, tout le temps, il m'a prêté son esprit pour interpréter le rôle. Il guidait mes paroles. Juste avant de tourner la scène dans laquelle la petite Algérienne me pose des questions sur la vie et l'amour, le metteur en scène, Xavier Beauvois, m'a annoncé qu'il n'était pas content de son texte et m'a demandé d'improviser. J'ai donc laissé libre cours à ma voix : les mots sont venus tout seuls. J'ai parlé au nom de Luc. Quand on a affaire à un être aussi fort, il ne s'agit pas de jouer, mais de se laisser habiter par ses paroles.

La vie exemplaire de frère Luc illustre parfaitement cette phrase de la Bible : « Il n'y a pas de plus grand amour que de donner sa vie à ceux qu'on aime. » Ce saint homme a offert sa vie à Dieu, mais aussi à tous ceux qu'il aidait chaque jour. Luc aimait les Algériens. En refusant de quitter le monastère, il est allé jusqu'au sacrifice. Il est toujours présent dans ma prière, c'est un grand modèle pour moi.

Luc aimait la musique. Il avait souhaité que l'on écrive sur sa tombe une phrase de Piaf : « Je ne regrette rien. » Tous les soirs, même quand il était épuisé, il lisait quelques pages avant de s'endormir. Souvent des auteurs hostiles à l'Église. Il avait beaucoup d'humour...

Les prêtres et les moines que j'avais joués jusque-là étaient des êtres de papier. Avec frère Luc, je m'attaquais à du vécu. Mon souci était de ne pas le trahir, de ne pas déformer son caractère. C'est ainsi que frère Luc est devenu un ami.

La grâce d'un tournage

Quand j'ai rencontré Xavier Beauvois pour la première fois, j'ai aimé son ton, la façon dont il parlait de son projet de film, son air sincère. Il m'a dit que je l'intimidais horriblement. Que je puisse intimider quelqu'un, voilà une chose qui me fait toujours rigoler. Il m'a donné le scénario, j'ai demandé à voir ses films. Je me suis dit : tiens, là, il y a quelqu'un de bien. Je

connaissais l'histoire des moines de Tibhirine, j'avais eu le grand honneur de lire un jour, à Saint-Sulpice, le fameux testament de Christian de Chergé, prieur du monastère, en présence de sa mère, qui est morte peu de temps après. C'était un coup de couteau, cette histoire. J'ai tout de suite accepté la proposition de Xavier Beauvois.

Le tournage fut un moment de grâce. Nous étions au Maroc, dans un ancien monastère bénédictin, dont l'histoire avait connu de très belles rencontres, aux environs de 1950, entre musulmans et chrétiens. Y figuraient des gens aussi prestigieux que Louis Massignon ou Lanza Del Vasto... L'endroit était depuis longtemps inoccupé, les plafonds s'effondraient. Il fallut le retaper, réinstaller une cloche. Il y régnait la même atmosphère qu'à Tibhirine, et la vue sur les collines était splendide.

Le tournage s'est déroulé avec une simplicité totale, sans problème, sans angoisse. Les acteurs croyants et incroyants se sont parfaitement accordés : on jouait entre nous, on se respectait, on s'aimait beaucoup, on était souvent très touchés. C'était beau de voir s'engager ces acteurs dans des textes qui n'étaient pas à eux, mais auxquels ils étaient chargés d'apporter la vie. Ils l'ont fait avec une modestie incroyable.

Mes camarades avaient décidé de passer une semaine dans le monastère de Tamié pour savoir comment les moines vivent. Ils ne connaissaient pas du tout ce monde, pensaient – du moins certains d'entre eux – que les moines étaient des pères Fouettard... Ils ont été surpris de découvrir des êtres accueillants, très gentils, tout à fait disponibles. Pendant le tournage, ils avaient à cœur de bien chanter, et dès qu'ils étaient ensemble, en attendant les prises de vue, ils se mettaient tous à chanter, ça leur plaisait beaucoup. Nous avons tâché d'être justes, avec beaucoup de simplicité. Nous étions inspirés – quelque chose se passait, là.

La beauté du film *Des hommes et des dieux*, c'est le partage, l'humanité, la confiance qu'il contient. On ne peut pas être chrétien aujourd'hui et ignorer son prochain, qu'il soit chrétien ou musulman...

Les frères de Tibhirine ont essayé de comprendre le monde musulman. Ils ne voulaient pas faire de prosélytisme ou convertir la population. Ils rencontraient les Algériens en tant qu'êtres humains, pour le jardinage, le travail, les soins. Ils partageaient la vie modeste des pauvres. S'ils ont été jusqu'au sacrifice, s'ils ont donné leur vie, c'est parce qu'en partant, ils auraient eu l'impression d'abandonner cette population qui les aimait tellement. C'est un exemple rare et qui étonne, car on voit plus souvent des manifestations de haine entre religions. Le fanatisme islamique est effrayant, c'est vrai. Mais la majorité des musulmans souffrent beaucoup de ce que ces violents font au nom du Coran. Après le succès du film, j'ai souvent été arrêté par des musulmans qui m'ont dit : « Merci d'avoir montré que nous ne sommes pas tous des assassins. »

Un tel film est un exemple de vérité, de justesse. Tout être humain recèle d'immenses possibilités de générosité, mais elles ne sont pas toujours vécues. Cela s'apprend, la générosité, comme le partage, le souci du prochain. Mais il faut qu'on nous en parle. Ce qui a subjugué dans cette histoire, c'est la force qui se dégageait des moines de Tibhirine. On sait maintenant qu'il a existé des êtres capables d'un tel sacrifice.

Des hommes et des dieux est tombé à pic dans un monde bousculé, où on ne respire plus : on cavale, on gesticule, on regarde une image, puis une autre, tout de suite, on avale des avalanches de mauvaises nouvelles. Il faut que ça bouge, pas de repos. Pourtant, l'excès d'images de catastrophes, les rapports humains devenus virtuels, les conversations interminables sur Internet, ce n'est pas du partage ! La vraie vie, c'est espérer, se rencontrer, se connaître !

Je crois que, dans nos vies saturées, voir soudain apparaître un film montrant des rythmes de repos et de prière, des gens calmes qui aimaient les autres, cela a tranché sur tout le reste. Ce sont de vraies drogues que ces images-là ! Le film fait écho à la part humaine, à la soif de sens que chacun porte en soi. Il a réveillé le meilleur de l'homme et montré que sont possibles le partage et le respect entre les peuples, les religions différentes.

Lorsqu'on me demande de faire des conférences sur ma foi, sur le personnage de Luc et sur le film, j'ai l'impression d'apporter un témoignage utile car nous avons grand besoin de bonté. Aujourd'hui je suis plus heureux que jamais. Je pensais qu'à 80 ans j'en aurais assez de bouger. Mais non, je continue parce que je peux maintenant le faire dans une grande paix.

J'ai peut-être dit dans le film ce que je pense au fond de moi : l'amour du Christ pour les hommes a toujours provoqué mon immense admiration. Il nous demande de nous aimer de la même façon, c'est un but vers lequel il faut tendre sans cesse.

Le Christ a soif de notre amour

Jésus-Christ est un exemple d'amour incomparable. Il est descendu dans la condition humaine la plus humiliante, il est devenu le pauvre des pauvres, jusqu'à la mort. Il voulait être avec nous dans notre détresse, notre misère et notre souffrance. Il nous a offert le don ultime : sa vie.

Jésus nous dit : « Prenez votre croix et suivez-moi. » Certains ont des croix terribles : des maladies, des peurs, des angoisses, des deuils. Le Seigneur nous encourage à les porter avec lui. J'ai eu beaucoup de souffrance dans ma vie, mais je n'ai jamais désespéré. La croix n'est pas une fin, elle conduit toujours à la résurrection. Il faut s'abandonner au Christ avec confiance, on ne sera pas déçu. Et même s'il nous semble qu'il ne fait rien pour nous, revenons sans cesse à lui, il nous attend toujours, il a soif de notre amour.

Jésus touche le fond de l'être humain, toujours le même à travers le temps et l'espace. Il dit la vérité de l'homme, qui ne se démode pas ! Croire en la parole du Christ, c'est comprendre qu'il est urgent d'aimer. Le Christ est triste à mourir quand ses enfants dérapent.

Longtemps, la méchanceté m'a troublé. J'ai finalement compris que les méchants sont malheureux parce qu'ils ne s'aiment pas. J'ai beaucoup de compassion pour eux. Certains n'ont pas d'amour dans leur vie, ni amour charnel, ni amour spirituel. Rien. Il ne faut pas juger, il faut écouter, prendre au sérieux la faiblesse, la détresse, l'angoisse. Il faut offrir la parole de Dieu, le Seigneur agira ensuite. Nous ne sommes que des passeurs. Il faut donner confiance en l'Esprit, en la beauté du monde, malgré le cauchemar que certains vivent.

Dieu n'est pas dans le ciel et dans les nuages. Il est, par Son Esprit, en chacun et chacune de nous. Je pense qu'être croyant, c'est tenter de libérer l'Esprit que nous enfermons à double tour dans notre cœur, d'où il ne peut plus sortir. S'aimer soi-même, c'est aimer Dieu en soi, Dieu qui est au fond de soi, qui est là, qui attend qu'on Lui ouvre la porte. On dit toujours : « Entre, Seigneur ! » Moi, je dirais plutôt : « Sors, Seigneur ! Et sois vivant en moi ! »

Le miracle du pardon

Pour moi, vivre parmi les autres suppose une chose que j'ai découverte il n'y a pas si longtemps : le pardon. Le pardon si essentiel que le Christ le place au centre du « Notre Père »…

C'est une des clés essentielles de la vie chrétienne. Nous en avons tant besoin ! C'est pour cela que nous disons sans cesse au Seigneur : « Aie pitié de nous, prends pitié de nous », parce que nous allons chaque jour sur tant de fausses routes !

Notre pardon est capital aussi ; je m'y attelle avec passion. C'est dur de pardonner à ceux qui nous ont fait du mal. Je connais des personnes qui refusent de le faire, elles en récoltent des cancers de l'âme, elles rongent leur os de haine. Or le pardon est un salut de l'âme, il guérit les corps. On n'y arrive pas tout seul, il faut presser le Seigneur de nous aider à pardonner.

J'en ai fait l'expérience avec mon propre père, mort en 1954. J'ai compris bien plus tard que je lui en avais voulu énormément, que je le méprisais, qu'il me faisait honte. Tant de temps était passé, je pensais l'avoir oublié. Mais on n'oublie pas. Un jour, je lui ai demandé pardon du fond du cœur et j'ai prié pour lui. J'ai rêvé de lui le lendemain même, il venait vers moi en me tendant la main. Ce signe m'a bouleversé. Le pardon est miraculeux.

La paix ne relève pas de dogmes. Elle est au cœur de l'être humain. Le Christ vient pour unifier : « Soyez un, soyez en paix. » Il nous demande à la fois de pardonner à ceux qui nous ont blessés, de recevoir le pardon des autres pour nos fautes, et enfin de savoir nous pardonner à nous-mêmes. Beaucoup de gens déçus par la vie se font des reproches, ils estiment qu'ils n'ont pas été à la hauteur. Ils vivent dans une haine inconsciente d'eux-mêmes. C'est pourquoi la proposition chrétienne – l'exigence du pardon – est extraordinaire. C'est ce chemin-là qui m'intéresse. Délivrer les autres de leur emprisonnement, des limites qu'ils croient indépassables : voilà le programme chrétien.

Se mettre à l'écoute par la prière

C'est très personnel et intime, la prière. Elle arrive toute seule. Même si on ne s'est pas mis en état, il faut y répondre, d'un coup.

La vie se situe entre deux pôles contradictoires, l'univers de l'intelligence et celui du cœur. Pour le christianisme, c'est celui du cœur qui doit parler d'abord. Comme dit Pascal, le cœur a ses raisons que la raison ne connaît pas. Je fais appel à l'Esprit de Dieu tous les jours. Je me dis que Dieu a un plan pour chaque être humain et qu'il faut laisser la grâce travailler. Voilà comment je me remets à quelque chose de plus profond que ma volonté.

L'Esprit-Saint joue un grand rôle dans ma vie. Il représente une possibilité d'aller très loin. Souvent, les hommes se sont construit des forteresses : leurs parents, leur entourage, la société. Ils pensent que rien ne changera jamais. La foi nous amène à bousculer nos habitudes, notre façon d'être, de prier. Mais il faut solliciter l'Esprit-Saint, il n'attend que ça. Les gens se plaignent : « Je prie, et il ne se passe rien. » Alors je leur dis qu'il faut continuer, qu'il faut insister. Même si le Seigneur nous met à l'épreuve, Sa réponse arrive tôt ou tard, souvent sous une forme imprévue. Il faut se mettre à Sa disposition, Sa volonté ne peut être que lumineuse.

Il y a un mystère, une présence de l'invisible qui est d'un autre domaine que notre volonté. Travailler avec le cœur, c'est laisser place à l'inconnu.

Si l'on cessait, ne serait-ce que le temps d'une journée, de se noyer dans le bruit, si l'on avait cette patience et ce courage, on obtiendrait, en se mettant à l'écoute, de petites indications pour atteindre à de grandes richesses.

Mes plus belles pages chrétiennes

Si j'ai choisi de partager mes plus belles pages chrétiennes, c'est une manière pour moi de rendre hommage à ces hommes et ces femmes – saints, moines, religieuses, prêtres, écrivains, personnes ordinaires –, pétris de la parole du Christ, qui m'ont accompagné au long de ma vie. De saint Benoît et sa règle

monastique à sœur Emmanuelle, militante si généreuse; de saint Augustin à l'âme fervente au père Christian de Chergé et son cœur fraternel; de Pascal et ses fulgurantes intuitions à sainte Thérèse de l'Enfant-Jésus dans son abandon total au Christ, en passant par des écrivains chers à mon cœur – Villon, Chateaubriand, Hugo, Verlaine, Jammes, Claudel, Bobin... –, j'aimerais faire connaître leur lumière, leur foi, leur profonde sagesse humaine.

Je voudrais marquer ici une attention spéciale à saint François d'Assise. Il a été le premier saint que j'ai aimé, à une époque où je n'étais même pas encore baptisé. J'avais 8 ans. J'ai plus tard monté un spectacle sur les Fioretti, avec quinze des cinquante textes, dont le merveilleux discours aux oiseaux. Chaque fois que je les relis, ces paroles me pénètrent le cœur, je sens qu'il y a une vérité dans le fait de parler aux animaux, de les aimer beaucoup. Je suis très sensible à l'enfance, et François, c'est un enfant qui a grandi dans la vérité.

Je suis fasciné par sa vocation: il a tout abandonné, même la richesse de son père, pour se mettre à nu. Il s'est dépouillé pour rejoindre les pauvres. Moi, les pauvres me gênaient beaucoup autrefois, je les envoyais balader. Puis j'ai eu honte. Chaque être humain est un trésor irremplaçable, une création de Dieu. Il est là dans le pauvre comme dans le riche. François est un modèle de pauvreté, il nous apprend à être attentifs à la tristesse et la misère humaine. Il faut prendre le temps de relire sa vie, essayer de s'approcher de lui le plus possible.

Saint François ne nous montre-t-il pas que la modestie et le dépouillement sont indispensables pour nous rapprocher de Dieu, pour sentir Sa présence continuelle?

Sa parole s'adresse à nous encore aujourd'hui: « Vous avez bien sujet de louer votre Créateur et de L'aimer toujours. »

Oui, voilà le plus beau des chemins: être amoureux du monde, aimer les êtres humains comme soi-même. On trouve là une immense paix.

Au fond, qui est vraiment Dieu? Pour moi, Il est la somme de tout l'amour du monde.

Michael Lonsdale

Et la bannière qu'il déploie sur moi, c'est l'amour

Je suis un narcisse de Saron, Un lis des vallées.

Comme un lis au milieu des épines, Telle est mon amie parmi les jeunes filles.

Comme un pommier au milieu des arbres de la forêt, Tel est mon bien-aimé parmi les jeunes hommes. J'ai désiré m'asseoir à son ombre, Et son fruit est doux à mon palais.

Il m'a fait entrer dans la maison du vin ; Et la bannière qu'il déploie sur moi, c'est l'amour.

Soutenez-moi avec des gâteaux de raisins, Fortifiez-moi avec des pommes ; Car je suis malade d'amour.

Que sa main gauche soit sous ma tête, Et que sa droite m'embrasse !

Je vous en conjure, filles de Jérusalem, Par les gazelles et les biches des champs, Ne réveillez pas, ne réveillez pas l'amour, Avant qu'elle le veuille.

C'est la voix de mon bien-aimé ! Le voici, il vient, Sautant sur les montagnes, Bondissant sur les collines.

Mon bien-aimé est semblable à la gazelle Ou au faon des biches. Le voici, il est derrière notre mur, Il regarde par la fenêtre, Il regarde par le treillis.

Mon bien-aimé parle et me dit : Lève-toi, mon amie, ma belle, et viens !

Cantique 2,1-10

Le Cantique des cantiques est un des plus grands poèmes de la Bible. Il est constitué d'une suite de chants d'amour alternés entre une femme et un homme. Sa composition est attribuée à un compilateur du IVe siècle av. J.-C. qui y aurait fondu différents poèmes. On a avancé l'hypothèse que le Cantique des cantiques ait été rédigé par le roi Salomon ou par une femme… Le livre a d'abord été rejeté à cause de son caractère profane, dont témoignent les nombreuses images érotiques qu'il contient, mais il a été finalement conservé dans le corpus biblique comme allégorie de la relation d'amour qu'entretiennent le Christ et son Église, ou le Christ et l'âme humaine.

Comprenez-vous ce que je vous ai fait ?

Avant la fête de Pâques, Jésus, sachant que son heure était venue de passer de ce monde au Père, et ayant aimé les siens qui étaient dans le monde, mit le comble à son amour pour eux.
Pendant le souper, lorsque le diable avait déjà inspiré au cœur de Judas Iscariote, fils de Simon, le dessein de le livrer,
Jésus, qui savait que le Père avait remis toutes choses entre ses mains, qu'il était venu de Dieu, et qu'il s'en allait à Dieu,
Se leva de table, ôta ses vêtements, et prit un linge, dont il se ceignit.
Ensuite il versa de l'eau dans un bassin, et il se mit à laver les pieds des disciples, et à les essuyer avec le linge dont il était ceint.
Il vint donc à Simon Pierre ; et Pierre lui dit : Toi, Seigneur, tu me laves les pieds !
Jésus lui répondit : Ce que je fais, tu ne le comprends pas maintenant, mais tu le comprendras bientôt.
Pierre lui dit : Non, jamais tu ne me laveras les pieds. Jésus lui répondit : Si je ne te lave, tu n'auras point de part avec moi.
Simon Pierre lui dit : Seigneur, non seulement les pieds, mais encore les mains et la tête.
Jésus lui dit : Celui qui est lavé n'a besoin que de se laver les pieds pour être entièrement pur ; et vous êtes purs, mais non pas tous.
Car il connaissait celui qui le livrait ; c'est pourquoi il dit : Vous n'êtes pas tous purs.
Après qu'il leur eut lavé les pieds, et qu'il eut pris ses vêtements, il se remit à table, et leur dit : Comprenez-vous ce que je vous ai fait ?
Vous m'appelez Maître et Seigneur ; et vous dites bien, car je le suis.
Si donc je vous ai lavé les pieds, moi, le Seigneur et le Maître, vous devez aussi vous laver les pieds les uns aux autres ;
Car je vous ai donné un exemple, afin que vous fassiez comme je vous ai fait.

Jean 13, 1-15

Saint Jean était le plus jeune apôtre du Christ, celui à qui il est référé comme « le disciple que Jésus aimait ». Selon la tradition, il se serait retiré à la fin de sa vie sur l'île de Patmos pour y rédiger son évangile. Les exégètes s'accordent aujourd'hui pour dire que ce texte eut plutôt plusieurs rédacteurs. C'est l'évangile où la plus grande part est donnée aux paroles que le Christ a prononcées. Ce passage du lavement des pieds montre le Christ dans son humilité et son service aux autres.

Un seul et même Esprit

Il y a diversité de dons, mais le même Esprit ;

Diversité de ministères, mais le même Seigneur ;

Diversité d'opérations, mais le même Dieu qui opère tout en tous.

Or, à chacun la manifestation de l'Esprit est donnée pour l'utilité commune.

En effet, à l'un est donnée par l'Esprit une parole de sagesse ;
à un autre, une parole de connaissance, selon le même Esprit ;

À un autre, la foi, par le même Esprit ; à un autre, le don des guérisons, par le même Esprit ;

À un autre, le don d'opérer des miracles ; à un autre, la prophétie ;
à un autre, le discernement des esprits ; à un autre, la diversité des langues ;
à un autre, l'interprétation des langues.

Un seul et même Esprit opère toutes ces choses, les distribuant à chacun en particulier comme il veut.

Saint Paul
1 Corinthiens 12, 4-11

Saint Paul (v. 8-v. 67), juif de Tarse, a longtemps été un pourfendeur des premiers chrétiens avant de subir une foudroyante conversion sur la route de Damas. Il devient alors le plus important propagateur de la nouvelle religion, celui dont les épîtres aux communautés éparses de chrétiens constituent jusqu'à aujourd'hui le socle théologique de l'Église. Ce passage de la première épître aux Corinthiens montre le rôle essentiel de l'Esprit-Saint dans nos vies, aujourd'hui.

Si je n'ai pas la charité, je ne suis rien

Quand je parlerais les langues des hommes et des anges, si je n'ai pas la charité, je suis un airain qui résonne, ou une cymbale qui retentit.

Et quand j'aurais le don de prophétie, la science de tous les mystères et toute la connaissance, quand j'aurais même toute la foi jusqu'à transporter des montagnes, si je n'ai pas la charité, je ne suis rien.

Et quand je distribuerais tous mes biens pour la nourriture des pauvres, quand je livrerais même mon corps pour être brûlé, si je n'ai pas la charité, cela ne me sert de rien.

La charité est patiente, elle est pleine de bonté ; la charité n'est point envieuse ; la charité ne se vante point, elle ne s'enfle point d'orgueil,

Elle ne fait rien de malhonnête, elle ne cherche point son intérêt, elle ne s'irrite point, elle ne soupçonne point le mal,

Elle ne se réjouit point de l'injustice, mais elle se réjouit de la vérité ;

Elle excuse tout, elle croit tout, elle espère tout, elle supporte tout.

La charité ne périt jamais.

Saint Paul
1 Corinthiens 13, 1-8

Lors de son deuxième voyage en mission, saint Paul passa dix-huit mois dans la ville grecque de Corinthe. L'Église qu'il y fonda comprenait surtout d'anciens païens appartenant à des milieux modestes. Corinthe connaissait alors une grande prospérité, mais l'immoralité y était grande, d'où plusieurs lettres de saint Paul par la suite sur des sujets aussi divers que l'unité des chrétiens, la consommation de viandes, le mariage, les dons du Saint-Esprit, et ici, pour l'un des plus beaux et célèbres passages de toutes les épîtres, sur l'importance infinie de la charité (du mot latin *caritas* : amour).

Que j'ai commencé tard à vous aimer !

Que j'ai commencé tard à vous aimer, ô beauté si ancienne et si nouvelle ! Que j'ai commencé tard à vous aimer ! Vous étiez au-dedans de moi ; mais, hélas ! J'étais moi-même au-dehors de moi-même. C'était en l'en-dehors que je vous cherchais. Je courais avec ardeur après ces beautés périssables qui ne sont que les ouvrages et les ombres de la vôtre, cependant que je faisais périr misérablement toute la beauté de mon âme, et que je la rendais par mes désordres toute monstrueuse et toute difforme. Vous étiez avec moi, mais je n'étais pas avec vous. Car ces beautés qui ne seraient point du tout si elles n'étaient en vous, m'éloignaient de vous. Vous m'avez appelé : vous avez crié, et vous avez ouvert les oreilles de mon cœur en rompant et en brisant tout ce qui me rendait sourd à votre voix. Vous avez frappé mon âme de vos éclairs : vous avez lancé vos rayons sur elle, et vous avez chassé toutes les ténèbres qui la rendaient aveugle au milieu de votre lumière même. Vous m'avez fait sentir l'odeur incomparable de vos parfums, et j'ai commencé à ne respirer que vous, et à soupirer après vous ; j'ai goûté la douceur de votre grâce, et me suis trouvé dans une faim et dans une soif de ces délices célestes. Vous m'avez touché, et je suis devenu tout brûlant d'ardeur pour la jouissance de votre éternelle félicité.

Saint Augustin
Confessions

Saint Augustin (354-430), évêque africain, père et docteur de l'Église, se convertit à l'âge de 28 ans sous l'influence de sa mère Monique et de saint Ambroise de Milan. Il mena une action inlassable pour défendre la doctrine de l'Église face aux hérésies. Son œuvre est fondamentale, dont les fameuses *Confessions* qui comptent parmi les plus beaux chants d'amour d'une âme à son Créateur.

Les instruments des bonnes œuvres

Avant tout, aimer le Seigneur de tout son cœur,
de toute son âme, de toute sa force.
Ensuite, le prochain comme soi-même.
Ensuite, ne point tuer.
Ne point commettre d'adultère.
Ne point voler.
Ne point convoiter.
Ne point porter faux témoignage.
Honorer tous les hommes.
Ne point faire à autrui ce que nous ne voudrions pas qu'on nous fît.
Se renoncer à soi-même pour suivre le Christ.
Châtier son corps.
Ne pas embrasser les délices.
Aimer le jeûne.
Soulager les pauvres.
Vêtir ce qui est nu.
Visiter les malades.
Ensevelir les morts.
Secourir ceux qui sont dans la tribulation.
Consoler les affligés.
Rompre avec les manières du siècle.
Ne rien préférer à l'amour du Christ. [...]

Saint Benoît
Règle

Saint Benoît (v.480-547), issu d'une famille noble de Nursie, dans le centre de l'Italie, passa sa jeunesse à étudier à Rome. Choqué par la vie dissolue qui s'y menait, il se retira dans une région déserte près de Subiaco et vécut dans une grotte pendant trois ans. Durant toute cette époque, sa réputation de saint homme grandit et le peuple en foule accourut pour le voir. Il fonda plus tard un monastère au mont Cassin ainsi que l'ordre bénédictin pour lequel il écrivit sa *Règle*. Il est considéré comme le fondateur du monachisme occidental.

Écoute avec l'oreille du cœur

Feuillette l'Ancien et le Nouveau Testament : tu constateras que les plus merveilleuses résurrections ont eu pour principaux, sinon seuls témoins, des femmes, ont été accomplies pour elles ou en leur faveur. L'Ancien Testament mentionne deux morts ressuscités à la demande d'une mère : par Élie, et par son disciple Élysée. Quant à l'Évangile, il rapporte trois résurrections, opérées par le Seigneur, et où des femmes jouent un rôle. Il confirme ainsi la parole apostolique à laquelle j'ai fait allusion : « Les femmes obtinrent la résurrection de leurs morts. » Jésus, touché de compassion, rendit à une mère, veuve, l'enfant qu'il ressuscita devant la porte de Naïm. À la prière des sœurs Marthe et Marie, il rappela son ami Lazare à la vie. « Les femmes obtinrent la résurrection de leurs morts » : cette phrase s'applique même à la fille du chef de la synagogue, ressuscitée par Notre Seigneur à la demande du père, puisque cette jeune fille recouvra ainsi son propre corps, comme d'autres avaient recouvré celui de leurs proches. Il n'y eut pas besoin de beaucoup de prières pour provoquer ces miracles. [...]

J'en viens à toi, dont je ne doute pas que la sainteté ne soit très puissante auprès de Dieu, et qui me dois une aide toute particulière dans l'épreuve d'une si grande adversité. Souviens-toi toujours dans tes prières de celui qui t'appartient en propre. Poursuis-les avec d'autant plus de confiance que, tu le reconnais, elles sont plus légitimes et par là plus agréables à celui qui les reçoit. Écoute encore une fois, je t'en prie, avec l'oreille du cœur ce que souvent tu as entendu avec celle du corps. Il est écrit dans les Proverbes : « La femme diligente est une couronne pour son mari. » Et ailleurs : « Celui qui a trouvé une femme vertueuse a trouvé le bien véritable et reçu du Seigneur une source où puiser la joie. » Ailleurs encore : « On tient de ses parents sa maison, sa fortune, mais de Dieu seul une femme sage. »

Pierre Abélard
Lettre à Héloïse

Pierre Abélard (1079-1142), philosophe et théologien, enseignait la scolastique et la logique lorsqu'il séduisit l'une de ses élèves, Héloïse, qu'il épousa en secret. L'évêque Fulbert, oncle d'Héloïse, le fit émasculer. Abélard se retira dans des monastères où il reprit son enseignement. Ses écrits subirent plusieurs condamnations de la part de l'Église. Il eut une longue correspondance avec Héloïse, devenue abbesse.

Dans la solitude nocturne de la chambre

Qui veut prier en paix ne tiendra pas seulement compte du lieu, mais du temps. Le moment du repos est le plus favorable et, lorsque le sommeil nocturne établit partout un profond silence, l'oraison se fait plus libre et plus pure.

Avec quelle sûreté la prière monte dans la nuit, quand Dieu seul en est témoin, et l'Ange qui la reçoit pour aller la présenter à l'autel céleste ! Elle est agréable et lumineuse, teinte du rouge de la pudeur. Elle est calme, paisible, lorsque aucun bruit, aucun cri ne viennent l'interrompre. Elle est pure et sincère, quand la poussière des soucis terrestres ne peut la salir. Il n'y a pas de spectateur qui puisse l'exposer à la tentation par ses éloges ou ses flatteries. C'est pourquoi l'Épouse agit avec autant de sagesse que de pudeur lorsqu'elle choisit la solitude nocturne de sa chambre pour prier, c'est-à-dire pour chercher le Verbe, car c'est tout un. Vous priez mal, si en priant vous cherchez autre chose que le Verbe, ou si vous ne demandez pas l'objet de votre prière par rapport au Verbe. Car tout est en lui : les remèdes à vos blessures, les secours dont vous avez besoin, l'amendement de vos défauts, la source de vos progrès, bref, tout ce qu'un homme peut et doit souhaiter.

Saint Bernard de Clairvaux
Œuvres mystiques

Saint Bernard de Clairvaux (1090-1153) fut le fondateur et premier abbé de l'abbaye de Clairvaux. Une des principales personnalités de l'Occident chrétien, il intervenait dans les affaires publiques et conseillait les papes. Homme d'action et de spiritualité, il est l'auteur de nombreux traités, de sermons, de poèmes. Canonisé en 1173, il est docteur de l'Église.

Des novices

Le prieur enseigne l'humilité du cœur et du corps et s'efforce d'éduquer sur ce point les novices, selon cette parole : « Mettez-vous à mon école, car je suis doux et humble de cœur » (Matt. 11, 29). Il leur apprend à se confesser fréquemment avec sincérité et discernement – à vivre sans propriété, à abandonner leur volonté propre, à pratiquer en toutes choses une obéissance volontaire à l'égard de la volonté de leur supérieur ; il leur apprend comment se conduire en toute sorte de lieu et en toute affaire, comment tenir la place où on les aura mis, comment faire l'inclination à qui leur donne ou leur enlève quelque chose, à qui leur parle bien ou mal ; quelle attitude réservée ils doivent garder dans les lieux, en conservant les yeux baissés ; quelle prière dire et comment la faire silencieusement pour que le bruit ne gêne pas les autres. À demander pardon en quelque lieu qu'ils reçoivent une réprimande du supérieur, à ne point se permettre de discuter avec qui que ce soit ; enfin à obéir en toutes choses à leur maître ; à faire attention de bien suivre le compagnon qui marche à leur côté dans la procession sous le cloître ; à ne point parler dans les lieux et dans les moments défendus ; à dire Benedictus Deus quand on leur donne quelque vêtement en faisant l'inclination profonde ; à ne juger profondément personne, mais s'ils voient faire quelque chose qui leur paraisse mal, qu'ils se demandent si cela ne serait pas bon, ou fait du moins dans une intention bonne ; car le jugement de l'homme se laisse souvent égarer. Il leur montre comment faire la *venia* au chapitre, ou partout où ils recevraient une réprimande ; à recevoir fréquemment la discipline ; à ne parler d'un absent que pour en dire du bien ; à boire à deux mains et assis. Avec quel soin ménager les livres et les vêtements et les autres biens du monastère. Quelle application ils doivent avoir à l'étude, en sorte que de jour et de nuit, à la maison et en voyage, ils soient toujours occupés à lire ou à méditer quelque chose, s'efforçant de retenir par cœur tout ce qui leur est possible. Quelle ferveur ils devront avoir dans la prédication quand le temps en sera venu.

Saint Dominique
Constitutions primitives de l'ordre des Prêcheurs

Saint Dominique (1170-1221), prédicateur espagnol, fonda l'ordre des Frères prêcheurs (dominicains), pour lequel il écrivit la *Règle*. Les frères sont invités à s'instruire sans relâche. Il fut très respecté pour son austérité et sa pauvreté.

Loué sois-tu, mon Seigneur

Très haut, Tout-Puissant, bon Seigneur,
à Toi sont les louanges, la gloire et l'honneur,
et toute bénédiction.
À Toi seul, Très-Haut, ils conviennent ;
et nul homme n'est digne de prononcer Ton nom.

Loué sois-Tu, mon Seigneur, avec toutes Tes créatures :
spécialement Messire frère Soleil
qui donne le jour, et par qui Tu nous éclaires ;
il est beau et rayonnant avec une grande splendeur :
de Toi, Très-Haut, il est le symbole.

Loué sois-Tu, mon Seigneur,
pour sœur Lune et pour les étoiles :
dans le ciel Tu les as créées, claires, précieuses et belles.

Loué sois-Tu, mon Seigneur,
pour frère Vent,
pour l'air et les nuages, et le ciel pur, et tous les temps,
par lesquels à Tes créatures Tu donnes soutien.

Loué sois-Tu, mon Seigneur,
pour sœur Eau,
qui est très utile et humble, précieuse et chaste.

Loué sois-tu, mon Seigneur,
pour frère Feu,
par qui Tu éclaires la nuit ;
il est beau et joyeux, robuste et fort.

Loué sois-Tu, mon Seigneur,
pour sœur notre mère la Terre,
qui nous soutient et nous nourrit,
et produit divers fruits avec les fleurs
aux mille couleurs et l'herbe.

Loué sois-Tu, mon Seigneur,
pour ceux qui pardonnent pour l'amour de Toi,
et supportent douleur et tribulation ;
bienheureux ceux qui persévéreront dans la paix,
car par Toi, Très-Haut, ils seront couronnés.

Loué sois-Tu, mon Seigneur,
pour notre sœur la Mort corporelle,
à qui nul homme vivant ne peut échapper.
Malheur à ceux qui meurent en état de péché mortel !
Bienheureux ceux qu'elle trouvera conforme
à Tes très saintes volontés,
car la seconde mort ne leur fera point de mal.

Louez et bénissez mon Seigneur et rendez-Lui grâces,
et servez-Le avec grande humilité.

Saint François d'Assise
Cantique de frère Soleil

Saint François d'Assise (1181-1226), fils d'un riche marchand, rompit avec sa famille et renonça à tous ses biens pour fonder un ordre de frères mendiants prêchant la pauvreté évangélique : les Franciscains, qui eut une influence considérable au Moyen Âge. François eut de fréquentes extases ainsi que des stigmates. Son *Cantique de frère Soleil* est le premier grand poème de la langue italienne.

La fidèle confiance

L'amour véritable et parfait se mesure à la grande espérance et à la confiance que l'on a en Dieu, car aucune chose ne mesure mieux l'amour accompli que la fidèle confiance. La fidèle confiance révèle combien une personne aime l'autre ; et toute la fidèle confiance que l'on ose avoir en Dieu, on la trouve vraiment en lui, et mille fois davantage. De même qu'un homme ne peut jamais trop aimer Dieu, jamais un homme ne pourrait avoir trop de fidèle confiance envers Dieu. Tout ce que l'on peut faire par ailleurs n'est pas aussi avantageux que la grande fidèle confiance envers Dieu. Avec tous ceux qui ont eu ainsi grandement confiance en lui, il n'a jamais manqué d'accomplir de grandes choses. Chez tous ceux-là, il a bien montré que cette fidèle confiance a l'amour pour origine, car l'amour n'a pas seulement fidèle confiance, il a aussi un vrai savoir et une certitude exempte de doute.

Maître Eckhart
Conseils spirituels

Johannes Eckhart, dit Maître Eckhart (1260-1327), dominicain et théologien mystique allemand, fut le maître du mouvement mystique rhénan. Ses sermons, recueillis par ses disciples, enseignent le détachement dans le but de découvrir l'essence divine au fond de l'âme de chacun d'entre nous.

Frères humains

Frères humains, qui après nous vivez,
N'ayez les cœurs contre nous endurcis,
Car, si pitié de nous pauvres avez,
Dieu en aura plus tôt de vous merci.
Vous nous voyez ci attachés, cinq, six :
Quant de la chair, que trop avons nourrie,
Elle est pieçà dévorée et pourrie,
Et nous, les os, devenons cendre et poudre.
De notre mal personne ne s'en rie ;
Mais priez Dieu que tous nous veuille absoudre !

[...] La pluie nous a débués et lavés,
Et le soleil desséchés et noircis.
Pies, corbeaux nous ont les yeux cavés,
Et arraché la barbe et les sourcils.
Jamais nul temps nous ne sommes assis
Puis çà, puis là, comme le vent varie,
À son plaisir sans cesser nous charrie,
Plus becquetés d'oiseaux que dés à coudre.
Ne soyez donc de notre confrérie ;
Mais priez Dieu que tous nous veuille absoudre !

Prince Jésus, qui sur tous a maîtrie,
Garde qu'Enfer n'ait de nous seigneurie :
De lui n'avons que faire ne que soudre.
Hommes, ici n'a point de moquerie ;
Mais priez Dieu que tous nous veuille absoudre !

François Villon
Ballade des pendus

François Villon (1431-1463), poète dont la vie fut très aventureuse, fréquentait aussi bien les malfaiteurs que les milieux de la Sorbonne, et fut sauvé plusieurs fois de la potence par le roi Louis XI. Ses œuvres mélangent le lyrisme à la trivialité, la sensualité au pessimisme, l'immoralisme à la foi religieuse. La fameuse *Ballade des pendus* en est un exemple.

Celui qui a la foi doit tout avoir

Une fois que l'homme, par les commandements, a appris et ressenti son impuissance, au point de se demander avec angoisse comment satisfaire à tel ou tel commandement (puisqu'il lui faut bien accomplir ce commandement, sous peine d'être damné), le voici tout à fait humilié, anéanti à ses propres yeux, et il ne trouve rien en lui qui puisse le justifier. Survient alors l'autre Parole, l'engagement et la promesse divine, qui lui dit : « Si tu veux accomplir tous les commandements, t'affranchir de ta convoitise et de tes péchés, comme le réclament et l'ordonnent les commandements, vois, il te faut croire au Christ, en qui je te promets toute grâce, toute justice, toute paix et toute liberté : si tu crois, tu les auras, si tu ne crois pas, tu ne les auras pas. Car ce qui t'est impossible avec toutes les œuvres des commandements, qui sont nombreuses et qui pourtant ne servent à rien, te deviendra facile et rapide à faire par la foi. Car dans la foi j'ai tout mis en abrégé, si bien que celui qui a la foi doit tout avoir et être sauvé et que celui qui ne l'a pas ne doit rien avoir. » Ainsi donc, les promesses de Dieu donnent ce qu'exigent les commandements et réalisent ce qu'ils ordonnent, en sorte que tout, commandement et accomplissement, ne revienne qu'à Dieu seul : Lui seul ordonne, et Lui seul accomplit. C'est ce qui fait que les promesses de Dieu sont la Parole du Nouveau Testament et qu'elles sont incluses dans le Nouveau Testament.

Martin Luther
De la liberté du chrétien

Martin Luther (1483-1546), religieux allemand, fut moine et professeur d'université. Son travail sur saint Paul l'amena à adopter la doctrine du salut par la foi seule. En 1517, il cloua sur la porte du château de Wittenberg ses « 95 thèses » où il dénonçait les dérives de l'Église catholique, ouvrant ainsi la voix à la Réforme. Il fut excommunié en 1521. Il se consacra à régler le culte et la liturgie de l'Église luthérienne, écrivit un catéchisme et traduisit la Bible, ce qui fait de lui un des premiers grands écrivains de langue allemande.

La voie de la perfection est plus douce qu'on ne pense

Seigneur, mon Dieu, qu'il paraît bien que Vous êtes tout-puissant, et qu'il ne faut point raisonner sur les choses que Vous voulez, puisque Vous les rendez possibles. Il suffit, pour les rendre faciles, de Vous aimer véritablement, et de tout abandonner pour l'amour de Vous. C'est en cela qu'on peut dire que Vous feigniez qu'il y ait de la peine à accomplir Votre loi ; car en vérité je n'y en vois point, et ne comprends pas comment on s'imagine que le chemin qui conduit vers Vous est étroit.

Je trouve au contraire que c'est un chemin royal, et dans lequel ceux qui marchent courageusement n'ont rien à craindre. Comme les occasions de Vous offenser en sont éloignées, on n'y rencontre point de pierres ni d'autres empêchements qui nous arrêtent. Mais je ne saurais considérer que comme un sentier étroit et dangereux cet autre chemin qui est de tous côtés environné de précipices dans lesquels on ne peut éviter de tomber et de se briser en mille pièces, pour peu que l'on manque de prendre garde où l'on met le pied. Celui qui se donne à Vous sans réserve, ô mon Sauveur, marche en assurance dans ce chemin royal : s'il fait quelque faux pas, Vous lui tendez la main et une chute ni même plusieurs ne sont pas capables de le perdre, s'il Vous aime véritablement et non pas le monde, et s'il conserve toujours l'humilité.

Pourvu que nous tournions incessamment les yeux vers ce soleil de justice, nous n'aurons point sujet de craindre que la nuit et les ténèbres nous surprennent : il ne nous abandonnera jamais, et nous ne courrons aucun danger. Les gens du monde n'appréhendent point de s'engager dans le chemin des voluptés et des honneurs auquel ils donnent le nom de contentement et de plaisirs, quoiqu'ils soient plus redoutables que les lions et que les autres animaux les plus farouches ; et le diable nous donne de l'aversion pour des travaux qui, en comparaison de ces cruelles bêtes, qui en flattant notre corps déchirent notre âme, ne peuvent passer que pour des souris. J'avoue que cela me touche de telle sorte que je voudrais pouvoir verser des ruisseaux de larmes et pousser des cris jusqu'aux extrémités de la terre, afin de faire connaître à tout le monde la grandeur de cet aveuglement.

Sainte Thérèse d'Avila
Œuvres

Sainte Thérèse d'Avila (1515-1582), religieuse carmélite, fut l'une des plus grandes mystiques espagnoles. Elle fut à l'origine d'une importante réforme du Carmel, appliquant des règles plus strictes à la vie monastique. Elle a écrit plusieurs ouvrages dont *Le Château intérieur* qui met en avant les bases de sa spiritualité : volonté de Dieu, spontanéité, tendresse.

Où vous êtes-vous caché ?

L'ÉPOUSE
Où vous êtes-vous caché,
Époux qui m'avez laissée,
Fuyant comme un cerf chassé,
Après m'avoir tant blessée,
Où vous en êtes-vous ainsi allé ?

Pasteurs, si, par aventure,
Menant paître vos troupeaux,
Vous le rencontrez sur la hauteur,
Dites-lui combien j'endure
Pour lui de peines et de travaux.

Cherchant donc mes amours,
J'irai sans cueillir les fleurs,
Par monts, par vaux, et par rivages,
Ne me souciant pas plus des bêtes sauvages
Que des frontières et des tours.

Ô forêts que mon Aimé
A érigées de ses propres mains,
Ô prairies, de fleurs émaillées,
Dites-moi, fidèles témoins,
Si, parmi vous, il n'a point passé.

RÉPONSE DES CRÉATURES
Il a couru rapidement
Par ces monts qu'il a remplis
De mille grâces, rien qu'en les regardant,
Et qu'il a revêtus de sa beauté. [...]

Saint Jean de la Croix
Cantique d'Amour entre l'Âme et l'Époux divin

Saint Jean de la Croix (1542-1591), carme et mystique espagnol, fut, après sainte Thérèse d'Avila, l'âme de la réforme des carmels espagnols. Ses traités mystiques, ainsi que ses poèmes, enseignent à trouver le divin au fond de la « nuit obscure » de l'âme, au fond du *nada* (« rien »). Dans un style lyrique sensuel, il retrace ici un itinéraire d'intimité amoureuse avec Dieu.

Faites grande provision de douceur et débonnaireté

Au surplus, lorsque vous êtes en tranquillité et sans aucun sujet de colère, faites grande provision de douceur et débonnaireté, disant toutes vos paroles et faisant toutes vos actions petites et grandes en la plus douce façon qu'il vous sera possible, vous ressouvenant que l'Épouse au Cantique des Cantiques n'a pas seulement *le miel* en *ses lèvres* et au bout de sa langue, mais elle l'a encore *dessous la langue*, c'est-à-dire dans la poitrine ; et n'y a pas seulement du miel, mais encore *du lait* ; car aussi ne faut-il pas seulement avoir la parole douce à l'endroit du prochain, mais encore toute la poitrine, c'est-à-dire tout l'intérieur de notre âme. Et il ne faut pas seulement avoir la douceur du miel, qui est aromatique et odorant, c'est-à-dire la suavité de la conversation civile avec les étrangers, mais aussi la douceur du lait entre les domestiques et proches voisins : en quoi manquent grandement ceux qui en rue semblent des anges, et en la maison des diables.

Saint François de Sales
Introduction à la vie dévote

Saint François de Sales (1567-1622), évêque de Genève, docteur de l'Église, fonda l'ordre de la Visitation avec sainte Jeanne de Chantal. Il écrivit deux textes qui eurent une influence considérable sur la piété au quotidien des catholiques aux XVIIe et XVIIIe siècles : *Introduction à la vie dévote* et *Traité de l'amour de Dieu.* Sa belle prose préclassique le rend très proche de nous par sa simplicité et sa bonne humeur.

Pourquoi craignez-vous l'avenir ?

L'oraison est un grand livre pour un prédicateur : c'est par elle que vous puiserez les vérités divines dans le Verbe éternel, qui en est la source, lesquelles vous débiterez ensuite au peuple. Il est à souhaiter que tous les missionnaires aiment beaucoup cette vertu ; car sans son secours ils feront peu ou point de profit, et avec son aide il est assuré qu'ils toucheront les cœurs. Je prie Dieu qu'il nous donne l'esprit d'oraison.

Il ne faut pas vous étonner, ni vous effrayer, pour une mauvaise année, ni pour plusieurs : Dieu est abondant en richesses ; rien ne vous a manqué jusqu'à cette heure ; pourquoi craignez-vous l'avenir ?

N'a-t-il pas soin de nourrir les oiseaux, qui ne sèment et ne moissonnent ? Combien plus aura-t-il la bonté de pourvoir à ses serviteurs ! Vous voudriez voir toutes vos provisions devant vous pour être assuré d'avoir tout à souhait : je dis, selon la nature, car je pense que, selon l'esprit, vous êtes bien aise d'avoir occasion de vous confier en Dieu seul, et de dépendre, comme un vrai pauvre, de la libéralité d'un tel riche. Dieu veuille avoir pitié du pauvre peuple, qui est fort à plaindre en ce temps de disette, parce qu'il n'en sait pas bien user, ni ne cherche premièrement le royaume de Dieu et sa justice, pour se rendre digne que les choses nécessaires à la vie lui soient données par-dessus !

Saint Vincent de Paul
Correspondance

Saint Vincent de Paul (1581-1660), prêtre auprès des malades, des galériens et des pauvres. Il fonda plusieurs ordres dont les Filles de la Charité, ou la Congrégation des Prêtres de la Mission (les lazaristes), l'œuvre des Enfants trouvés. Son action inlassable et son rayonnement firent de lui l'une des plus saintes figures de la charité.

Dieu sensible au cœur, non à la raison

La dernière démarche de la raison est de reconnaître
qu'il y a une infinité de choses qui la surpassent ; elle n'est que faible,
si elle ne va jusqu'à connaître cela.
Que si les choses naturelles la surpassent, que dira-t-on des surnaturelles ?

*

Soumission et usage de la raison, en quoi consiste le vrai christianisme.

*

Il n'a rien de si conforme à la raison que ce désaveu de la raison.

*

Le cœur a ses raisons, que la raison ne connaît point ;
on le sait en mille choses. [...]

*

C'est le cœur qui sent Dieu, et non la raison. Voilà ce que c'est que la foi,
Dieu sensible au cœur, non à la raison.

*

La foi est un don de Dieu ; ne croyez pas que nous disions
que c'est un don de raisonnement.

*

Qu'il y a loin de la connaissance de Dieu à l'aimer !

Pascal
Pensées

Blaise Pascal (1623-1662), mathématicien, physicien et philosophe, fut à l'origine de plusieurs découvertes dont la première machine à calculer ou un traité sur la *Pesanteur de la masse de l'air*. Proche des milieux jansénistes, il les défendit contre les jésuites dans *Les Provinciales*. Bouleversé par la nuit d'extase mystique du 23 novembre 1654, il rédigea des notes devant servir à une *Apologie de la religion chrétienne*. Ce travail, interrompu par sa mort à 39 ans, a été publié sous formes de fragments, *Les Pensées*, qui comptent parmi les écrits les plus fulgurants sur la foi et la profondeur de la religion chrétienne.

Chacun a toujours la possibilité de prier

Il est certain que toute bonne action faite au nom du Christ confère la grâce du Saint-Esprit, mais la prière plus que toute autre chose, étant toujours à notre disposition. Vous auriez, par exemple, envie d'aller à l'église, mais l'église est loin, ou l'office est terminé ; vous auriez envie de faire l'aumône, mais vous ne voyez pas de pauvre, ou vous n'avez pas de monnaie ; vous voudriez rester vierge, mais vous n'avez pas assez de force pour cela, à cause de votre constitution ou à cause des embûches de l'ennemi auxquelles la faiblesse de votre chair humaine ne vous permet pas de résister ; vous voudriez peut-être trouver une autre bonne action à faire au nom du Christ, mais vous n'avez pas assez de force pour cela, ou l'occasion ne se présente pas. Quant à la prière, rien de tout cela ne l'affecte : chacun a toujours la possibilité de prier, le riche comme le pauvre, le notable comme l'homme du commun, le fort comme le faible, le bien portant comme le malade, le vertueux comme le pécheur.

Telle, ami de Dieu, est la puissance de la prière. Plus que toute autre chose elle nous donne la grâce de l'Esprit de Dieu et plus que tout elle est toujours à notre portée. Bienheureux serons-nous lorsque Dieu nous trouvera veillant, dans la plénitude des dons de Son Esprit-Saint. Nous pourrons alors espérer être ravis sur les nuées à la rencontre de Notre-Seigneur venant dans les airs revêtu de puissance et de gloire juger les vivants et les morts et donner à chacun son dû.

Saint Séraphim de Sarov
Entretien avec Motovilov

Saint Séraphim de Sarov (1759-1833), fils d'un briquetier de Koursk, entra comme novice au monastère de Sarov à 19 ans. Après avoir été ordonné prêtre, il se retira comme ermite dans la forêt où il vécut une ascèse rigoureuse, faite de jeûne, de solitude, d'humilité et de prière, avec comme objectif permanent de se « rapprocher du Christ ». Quand il eut 63 ans, sa renommée se répandit. Il accueillait ses visiteurs par ces mots « Bonjour, ma joie », ou encore « Christ est ressuscité ! ». Et sa sagesse et sa clairvoyance apportaient encouragement, relèvement et même guérison à ses visiteurs qu'il marquait profondément. Il est l'un des saints les plus vénérés de l'orthodoxie russe.

La perpétuelle magnificence de Dieu

Il est un Dieu ; les herbes de la vallée et les cèdres de la montagne le bénissent, l'insecte bourdonne ses louanges, l'éléphant le salue au lever du jour, l'oiseau le chante dans le feuillage, la foudre fait éclater sa puissance, et l'Océan déclare son immensité. L'homme seul a dit : Il n'y a point de Dieu.

Il n'a donc jamais, celui-là, dans ses infortunes, levé les yeux vers le ciel, ou, dans son bonheur, abaissé ses regards vers la terre ? La nature est-elle si loin de lui qu'il ne l'ait pu contempler, ou la croit-il le simple résultat du hasard ? Mais quel hasard a pu contraindre une matière désordonnée et rebelle à s'arranger dans un ordre si parfait ? [...]

Réunissez donc en un même moment, par la pensée, les plus beaux accidents de la nature ; supposez que vous voyez à la fois toutes les heures du jour et toutes les saisons, un matin de printemps et un matin d'automne, une nuit semée d'étoiles et une nuit couverte de nuages, des prairies émaillées de fleurs, des forêts dépouillées par les frimas, des champs dorés par les moissons : vous aurez alors une idée juste du spectacle de l'univers. Tandis que vous admirez ce soleil qui se plonge sous les voûtes de l'occident, un autre observateur le regarde sortir des régions de l'aurore. Par quelle inconcevable magie ce vieil astre qui s'endort fatigué et brûlant dans la poudre du soir est-il en ce moment même ce jeune astre qui s'éveille humide de rosée dans les voiles blanchissantes de l'aube ? À chaque moment de la journée le soleil se lève, brille à son zénith, et se couche sur le monde ; ou plutôt nos sens nous abusent, et il n'y a ni orient, ni midi, ni occident vrai. Tout se réduit à un point fixe d'où le flambeau du jour fait éclater à la fois trois lumières en une seule substance. Cette triple splendeur est peut-être ce que la nature a de plus beau ; car en nous donnant l'idée de la perpétuelle magnificence et de la toute-puissance de Dieu, elle nous montre aussi une image éclatante de Sa glorieuse Trinité.

François-René de Chateaubriand
Génie du christianisme

François-René, vicomte de Chateaubriand (1768-1848), écrivain et homme politique, fut un des plus grands prosateurs de la langue française, notamment par ses *Mémoires d'outre-tombe*. Il rédigea en 1802 le *Génie du christianisme*, vaste apologie de la religion comme faisant partie du grand ordre de la nature.

Plus les eaux sont abondantes, plus le poisson est content

La prière, voilà tout le bonheur de l'homme sur la terre. Oh ! Belle vie, belle union de l'âme avec Notre Seigneur : l'éternité ne sera pas assez longue pour comprendre ce bonheur. La vie intérieure est un bain d'amour dans lequel l'âme se plonge. Dieu tient l'homme intérieur comme une mère tient la tête de son enfant dans ses mains pour le couvrir de baisers et de caresses. On aime une chose à proportion du prix qu'elle nous a coûté : jugez par là de l'amour que Notre Seigneur a pour notre âme qui Lui a coûté tout son sang ! Aussi est-Il affamé de communications et de rapports avec elle. [...]

Par la prière, l'âme est comme un poisson dans l'eau, plus les eaux sont abondantes, plus le poisson est content. Plus l'âme se livre à la prière, plus elle est heureuse. [...]

Si nous comprenions tout le bonheur d'une âme enflammée d'amour du Bon Dieu, si nous pouvions goûter combien il est doux de marcher toujours en Sa présence, de nous sentir sous Son regard, de nous laisser conduire par la main, nous penserions toujours à Lui, nous ne pourrions pas faire autrement, ce serait notre plus grand bonheur de chaque jour. [...]

Dans l'amour de Dieu nous trouverons notre paix, notre perfection, notre mérite, notre gloire, notre bonheur pour ce monde et pour l'autre...

Jean-Marie Vianney, curé d'Ars
Conversations

Jean-Marie Vianney, curé d'Ars (1786-1859), est un élève aux dispositions très moyennes, ce qui fait penser à ses maîtres du séminaire qu'il ne pourra jamais devenir prêtre.
Mais sa piété est telle qu'ils décident de l'ordonner quand même. Il est très vite nommé à Ars, petite commune du Rhône, où il mène une vie austère, mangeant peu et donnant tout ce qu'il a. Ses fidèles le voient passer de nombreuses heures en prière à l'église, avec une expression qui leur fait penser qu'il voit le Christ. Ils l'aiment pour sa gaieté, son affabilité, sa bonté et sa charité. Sa réputation s'étend vite aux alentours et bientôt des milliers de pèlerins convergent vers lui. Il est considéré par l'Église comme le saint patron des prêtres.

Aux chrétiens dans les temps d'épreuves

Ah ! pour la vérité n'affectons pas de craindre ;
Le souffle d'un enfant, là-haut, peut-il éteindre
L'astre dont l'Éternel a mesuré les pas ?
Elle était avant nous, elle survit aux âges,
Elle n'est point à l'homme, et ses propres nuages
Ne l'obscurciront pas.

Elle est ! elle est à Dieu qui la dispense au monde,
Qui prodigue la grâce où la misère abonde ;
Rendons grâce à Lui seul du rayon qui nous luit !
Sans nous épouvanter de nos heures funèbres,
Sans nous enfler d'orgueil et sans crier ténèbres
Aux enfants de la nuit.

Esprits dégénérés, ces jours sont une épreuve,
Non pour la vérité, toujours vivante et neuve,
Mais pour nous que la peine invite au repentir ;
Témoignons pour le Christ, mais surtout par nos vies ;
Notre moindre vertu confondra plus d'impies
Que le sang d'un martyr.

Chrétiens, souvenons-nous que le chrétien suprême
N'a légué qu'un seul mot pour prix d'un long blasphème
À cette arche vivante où dorment ses leçons ;
Et que l'homme, outrageant ce que notre âme adore,
Dans notre cœur brisé ne doit trouver encore
Que ce seul mot : Aimons !

Alphonse de Lamartine
Harmonies poétiques et religieuses

Alphonse de Lamartine (1790-1869), poète et homme politique, fut le précurseur d'un lyrisme qui marqua les jeunes écrivains romantiques. Auteur des *Harmonies poétiques et religieuses*, qu'il qualifiait de « psaumes modernes », il fut bouleversé par la mort de sa fille en 1834, événement qui changea sa foi. Il se consacra par la suite à un engagement de chrétien libéral et social, aux préoccupations humanitaires.

Nous croyons parce que nous aimons

Un enfant fait-il confiance à ses parents, parce qu'il s'est convaincu qu'ils sont dignes de confiance et capables et désireux de lui faire du bien, ou bien s'abandonne-t-il simplement à son instinct affectueux ? Nous *croyons* parce que nous *aimons*. Cela est évident !...

On peut donc déduire de la parole « Mes brebis entendent ma voix », que ceux qui croient au Christ, y croient parce qu'ils ont reconnu en lui le Bon Berger ; et ils le reconnaissent à sa voix, et ils connaissent sa voix parce qu'ils sont ses brebis... L'esprit divinement éclairé voit dans le Christ l'objet même de son amour et de son adoration – l'objet corrélatif de ses propres affections ; c'est parce qu'il l'aime qu'il croit en lui et lui fait confiance.

John Henry Newman
Quinze sermons prêchés devant l'université d'Oxford

John Henry Newman (1801-1890), homme d'Église britannique, fut d'abord anglican, au centre du mouvement d'Oxford qui prônait un christianisme plus pur et indépendant de l'État. Sa conversion au catholicisme en 1845 fit grand bruit et il fut en butte à de nombreuses réactions hostiles. Il introduisit l'Oratoire en Angleterre, puis devint cardinal en 1879. Ses écrits, dont *Apologia pro vita sua* ou *Grammaire de l'assentiment*, exercent encore aujourd'hui une profonde influence. Il a été béatifié en 2010 par Benoît XVI.

La nichée sous le portail

Oui, va prier à l'église,
Va ; mais regarde en passant,
Sous la vieille voûte grise,
Ce petit nid innocent.

Aux grands temples où l'on prie,
Le martinet, frais et pur,
Suspend la maçonnerie
Qui contient le plus d'azur.

La couvée est dans la mousse
Du portail qui s'attendrit ;
Elle sent la chaleur douce
Des ailes de Jésus-Christ.

L'église, où l'ombre flamboie,
Vibre, émue à ce doux bruit ;
Les oiseaux sont pleins de joie,
La pierre est pleine de nuit.

Les saints, graves personnages,
Sous les porches palpitants,
Aiment ces doux voisinages
Du baiser et du printemps.

Les vierges et les prophètes,
Se penchent dans l'âpre tour,
Sur ces ruches d'oiseaux faites
Pour le divin miel amour.

L'oiseau se perche sur l'ange ;
L'apôtre rit sous l'arceau.
« Bonjour, saint ! » dit la mésange.
Le saint dit : « Bonjour, oiseau ! »

Les cathédrales sont belles
Et hautes sous le ciel bleu ;
Mais le nid des hirondelles
Est l'édifice de Dieu.

Victor Hugo
Les Contemplations

Victor Hugo (1802-1885), a écrit un nombre impressionnant de poèmes, romans, pièces de théâtres, articles (*Les Misérables*, *Les Contemplations*, *Hernani*…), qui comptent parmi les plus belles pages de la littérature française. Il était animé d'une spiritualité personnelle fondée sur la mission du poète puisque « les mots sont les passants mystérieux de l'âme », ou encore « le Mot, c'est le Verbe, et le Verbe, c'est Dieu ».

Ayez la foi et maintenez l'étendard !

Aimez-vous les uns les autres, mes pères, enseignait le starets (pour autant qu'Aliocha s'en souvînt plus tard). Aimez le peuple de Dieu. Nous ne sommes pas plus saints que les laïcs pour être venus nous enfermer entre ces murs, au contraire, tous ceux qui sont venus ici ont reconnu, du fait même d'y être venus, qu'ils étaient plus imparfaits que tous les laïcs et que tous et tout sur terre... Et plus le moine vivra longtemps entre ces murs, plus il devra être pénétré et conscient de cela. Car autrement il était inutile qu'il vînt ici. [...] N'ayez pas peur de votre péché, même après en avoir pris conscience, pourvu que vous ayez le repentir, mais ne posez pas de conditions à Dieu. Je vous le répète, ne soyez pas orgueilleux. Ne soyez pas orgueilleux devant les humbles, ne le soyez pas davantage devant les grands. Ne haïssez pas ceux qui vous repoussent, qui vous honnissent, ceux qui vous insultent et qui vous calomnient. Ne haïssez pas les athées, les faux docteurs, les matérialistes, même les méchants d'entre eux et pas seulement les bons, car parmi eux aussi beaucoup sont bons, surtout de nos jours. Incluez-les ainsi dans vos prières : Sauve, Seigneur, tous ceux qui n'ont personne pour prier pour eux, sauve aussi ceux qui ne veulent pas Te prier. Et ajoutez aussitôt : ce n'est pas par orgueil que je Te le demande, Seigneur, car moi-même je suis le plus abject de tous... Aimez le peuple de Dieu, ne laissez pas les intrus détourner le troupeau, car si vous vous endormez dans la paresse, dans votre orgueil méprisant et surtout dans la cupidité, on viendra de tous les pays vous ravir votre troupeau. Commentez sans relâche l'évangile au peuple... Ne commettez pas d'exactions... N'aimez ni l'or ni l'argent, n'en possédez pas... Ayez la foi et maintenez l'étendard ! Élevez-le haut...

Fiodor Dostoïevski
Les Frères Karamazov

Fiodor Mikhaïlovitch Dostoïevski (1821-1881), écrivain russe.
Ses grandes œuvres, *Crime et Châtiment*, *L'Idiot* ou *Les Frères Karamazov* (qu'il considérait comme son chef-d'œuvre), sont traversées par le problème de l'homme déchiré entre la présence du mal et la recherche de Dieu.

Ne pas résister au méchant

La clé de tout a été pour moi ce passage du chapitre V de l'Évangile selon saint Matthieu, verset 39 : « Vous avez appris qu'il a été dit : Œil pour œil, et dent pour dent. Mais moi je vous dis de ne pas résister au méchant. » Soudain, pour la première fois, j'ai compris ce verset de manière immédiate et simple. J'ai compris que le Christ disait uniquement ce qu'il disait. Non pas que j'aie découvert quelque chose de neuf, mais ce qui me voilait la vérité était tombé, et la vérité m'est apparue dans toute sa grandeur. [...]

Que peut-il y avoir de plus clair, de plus évident, de plus indubitable ? Et à peine ai-je compris ces paroles en toute simplicité, telles qu'elles ont été dites, qu'aussitôt, non seulement dans le Sermon sur la montagne, mais dans tout l'enseignement du Christ, dans tous les évangiles ; ce qui avait été embrouillé s'est éclairé pour moi ; ce qui avait été contradictoire est devenu cohérent, et surtout, ce qui m'avait semblé superflu est devenu indispensable. Tout s'est fondu en un seul ensemble dont les parties d'une statue brisée assemblées comme il faut. Ce sermon ainsi que tous les Évangiles confirmaient cette même doctrine de non-violence.

Léon Tolstoï
Confession

Lev (Léon) Nikolaïevitch Tolstoï (1828-1910), écrivain russe, après une jeunesse militaire, puis dissolue, se consacra à l'écriture, produisant une œuvre considérable : romans (dont *La Guerre et la Paix* et *Anna Karénine*), nouvelles, récits, etc. Il consacra beaucoup de temps à l'amélioration des conditions de vie des paysans russes. Dans les années 1873-1877, il traversa une crise morale et religieuse qu'il raconta dans *Confession*. Profondément marqué par la figure du Christ et les évangiles, il souhaitait changer de vie et se retirer dans un monastère, ce qu'il ne parvint jamais à réaliser. En 1910, il se mit en route, abandonna sa maison, mais mourut un mois plus tard dans une petite gare de province.

Je ne veux plus aimer que ma mère Marie

Je ne veux plus aimer que ma mère Marie.
Tous les autres amours sont de commandement.
Nécessaires qu'ils sont, ma mère seulement
Pourra les allumer aux cœurs qui l'ont chérie.

C'est pour Elle qu'il faut chérir mes ennemis,
C'est par Elle que j'ai voué ce sacrifice,
Et la douceur de cœur et le zèle au service,
Comme je la priais, Elle les a permis...

C'est par Elle que j'ai voulu de ces chagrins,
C'est pour Elle que j'ai mon cœur dans les Cinq Plaies,
Et tous ces bons efforts vers les croix et les claies,
Comme je l'invoquais, Elle en ceignit mes reins.

Je ne veux plus penser qu'à ma mère Marie,
Siège de la Sagesse et source des pardons,
Mère de France aussi, de qui nous attendons
Inébranlablement l'honneur de la patrie.

Marie Immaculée, amour essentiel,
Logique de la foi cordiale et vivace,
En vous aimant qu'est-il de bon que je ne fasse,
En vous aimant du seul amour, Porte du ciel ?

Paul Verlaine
Sagesse

Paul Verlaine (1844-1896), poète, mena une vie écartelée entre la soumission aux plaisirs et à l'alcool, d'une part, et l'espoir sincère d'une existence familiale « simple et tranquille ». Après sa séparation d'avec l'« époux infernal » Arthur Rimbaud, il opéra une conversion, souhaitant écouter la « voix terrible de l'amour » divin. Mais ses « liturgies intimes » continueront à être troublées par ses désirs de volupté, pour une vie en clair-obscur, d'où sa belle langue poétique fondée sur une subtile recherche de la nuance.

La prière intérieure perpétuelle

En conversant ainsi, nous étions insensiblement arrivés jusqu'à la solitude. Pour ne pas me séparer de ce sage vieillard et satisfaire plus tôt mon désir, je m'empressai de lui dire :
« Je vous en prie, père vénérable, expliquez-moi ce qu'est la prière intérieure perpétuelle et comment on peut l'apprendre : je vois que vous en avez une expérience profonde et sûre. »

Le starets accueillit ma demande avec bonté et m'invita chez lui :
« Viens chez moi, je te donnerai un livre des Pères qui te permettra de comprendre clairement ce qu'est la prière et de l'apprendre avec l'aide de Dieu. »

Nous entrâmes dans sa cellule et le starets m'adressa les paroles suivantes :
« La prière de Jésus intérieure et constante est l'invocation continuelle et ininterrompue du nom de Jésus par les lèvres, le cœur et l'intelligence, dans le sentiment de sa présence, en tout lieu, en tout temps, même pendant le sommeil. Elle s'exprime par ces mots : *Seigneur Jésus-Christ, ayez pitié de moi !* Celui qui s'habitue à cette invocation ressent une grande consolation et le besoin de dire toujours cette prière ; au bout de quelque temps, il ne peut plus demeurer sans elle et c'est d'elle-même qu'elle coule en lui. Comprends-tu maintenant ce qu'est la prière perpétuelle ?
– Je le comprends parfaitement, mon père ! Au nom de Dieu, enseignez-moi maintenant comment y parvenir, m'écriai-je plein de joie. [...]
– Demeure assis dans le silence et dans la solitude, incline la tête, ferme les yeux ; respire plus doucement, regarde par l'imagination à l'intérieur de ton cœur, rassemble ton intelligence, c'est-à-dire ta pensée, de ta tête dans ton cœur. Dis sur la respiration : "Seigneur Jésus-Christ, ayez pitié de moi", à voix basse, ou simplement en esprit. Efforce-toi de chasser toutes pensées, sois patient et répète souvent cet exercice. »

Anonyme
Récits d'un pèlerin russe

Ce petit livre anonyme, qui raconte les aventures et la vie spirituelle d'un paysan russe du XIXe siècle en quête de Dieu, est paru à Kazan vers 1870. Le pèlerin fait pénétrer le lecteur au cœur de la campagne russe peu après la guerre de Crimée (1854-1856) et avant l'abolition du servage en 1861. On voit passer les personnages typiques de l'époque : paysans, fonctionnaires, commerçants, artisans, nobles, membres de sectes, instituteurs et prêtres de campagne. Le pèlerin est guidé dans sa recherche de Dieu par un starets (un « ancien ») qui l'introduit à la Prière de Jésus, considérée comme la « perle précieuse » de la spiritualité orthodoxe.

Il faut passer par le désert

Il faut passer par le désert et y séjourner pour recevoir la Grâce de Dieu; c'est là qu'on se vide, qu'on chasse de soi tout ce qui n'est pas Dieu et qu'on vide complètement cette petite maison de notre âme pour laisser toute la place à Dieu seul. Les Hébreux ont passé par le désert, Moïse y a vécu avant de recevoir sa mission, saint Paul, saint Jean Chrysostome se sont aussi préparés au désert… C'est indispensable… C'est un temps de grâce, c'est une période par laquelle toute âme qui veut porter des fruits doit nécessairement passer. Il lui faut ce silence, ce recueillement, cet oubli de tout le créé, au milieu desquels Dieu établit son règne et forme en elle l'esprit intérieur. La vie intime avec Dieu, la conversation de l'âme avec Dieu dans la foi, l'espérance et la charité. Plus tard l'âme produira des fruits exactement dans la mesure où l'homme intérieur se sera formé en elle. Si cette vie intérieure est nulle, il y aura beau avoir du zèle, de bonnes intentions, beaucoup de travail, les fruits sont nuls: c'est une source qui voudrait donner de la sainteté aux autres, mais qui ne peut, ne l'ayant pas: on ne donne que ce qu'on a et c'est dans la solitude, dans cette vie, seul avec Dieu seul, dans ce recueillement profond de l'âme qui oublie tout le créé pour vivre seule en union avec Dieu, que Dieu se donne tout entier à celui qui se donne ainsi tout entier à Lui. Donnez-vous tout entier à Lui seul, mon bien-aimé Père, durant ces années de préparation, de grâce, et Il se donnera tout entier à vous. En cela ne craignez pas d'être infidèle à vos devoirs envers les créatures; c'est au contraire le seul moyen pour vous de les servir efficacement. Regardez saint Paul, saint Benoît, saint Patrice, saint Grégoire le Grand, tant d'autres, quel long temps de recueillement et de silence! Montez plus haut: regardez saint Jean Baptiste, regardez Notre Seigneur. Notre Seigneur n'en avait pas besoin mais il a voulu nous donner l'exemple. Rendez à Dieu ce qui est à Dieu.

Charles de Foucauld
Lettre au père Jérôme

Charles de Foucauld (1858-1916), orphelin à l'âge de 6 ans, fait d'abord carrière dans l'armée en menant une vie dissolue. À l'âge de 28 ans, il retrouve la foi et devient religieux chez les trappistes. Ordonné prêtre, il décide de s'installer dans le Sahara algérien, à Béni-Abbès, où il ambitionne de fonder une nouvelle congrégation. Il vit avec les Berbères, voulant prêcher non par les discours, mais par son exemple. Afin de mieux connaître les Touaregs, il étudie pendant plus de douze ans leur culture, publiant sous un pseudonyme le premier dictionnaire touareg-français. Le 1er décembre 1916, Charles de Foucauld est assassiné à la porte de son ermitage. Il est très vite considéré comme un saint et une véritable dévotion s'instaure: de nouvelles congrégations religieuses et familles spirituelles ainsi qu'un renouveau de l'érémitisme s'inspirent de ses écrits et de sa vie.

La Vierge à midi

Il est midi. Je vois l'église ouverte. Il faut entrer.
Mère de Jésus-Christ, je ne viens pas prier.

Je n'ai rien à offrir et rien à demander.
Je viens seulement, Mère, pour vous regarder.

Vous regarder, pleurer de bonheur, savoir cela
Que je suis votre fils et que vous êtes là.

Rien que pour un moment pendant que tout s'arrête.
Midi !
Être avec vous, Marie, en ce lieu où vous êtes.

Ne rien dire, regarder votre visage,
Laisser le cœur chanter dans son propre langage,

Ne rien dire, mais seulement chanter parce qu'on a le cœur trop plein,
Comme le merle qui suit son idée en ces espèces de couplets soudains.

Parce que vous êtes belle, parce que vous êtes immaculée,
La femme dans la Grâce enfin restituée,

La créature dans son honneur premier et dans son épanouissement final,
Telle qu'elle est sortie de Dieu au matin de sa splendeur originale.

Intacte ineffablement parce que vous êtes la Mère de Jésus-Christ,
Qui est la vérité entre vos bras, et la seule espérance et le seul fruit.

Parce que vous êtes la femme, l'Éden de l'ancienne tendresse oubliée,
Dont le regard trouve le cœur tout à fait et fait jaillir les larmes accumulées,

Parce que vous m'avez sauvé, parce que vous avez sauvé la France,
Parce qu'elle aussi, comme moi, pour vous fut cette chose à laquelle on pense,

Parce qu'à l'heure où tout craquait, c'est alors que vous êtes intervenue,
Parce que vous avez sauvé la France une fois de plus,

Parce qu'il est midi, parce que nous sommes en ce jour d'aujourd'hui,
Parce que vous êtes là pour toujours, simplement parce que vous êtes Marie,
simplement parce que vous existez,

Mère de Jésus-Christ, soyez remerciée !

Paul Claudel
Poèmes de guerre

Paul Claudel (1868-1955), poète et dramaturge, diplomate de carrière, fut converti le soir de Noël de 1886, alors qu'il se trouvait en Notre-Dame de Paris : « En un instant mon cœur fut touché et je crus. » Sa foi catholique est essentielle dans son œuvre qui chante la Création. Cette communion de Claudel avec Dieu a donné naissance à près de quatre mille pages de textes. Il y professe un véritable partenariat entre Dieu et Ses créatures, dans son mystère et dans sa dramaturgie, par exemple dans ses plus célèbres pièces, *Le Soulier de satin* et *L'Annonce faite à Marie*.

Prière pour aller au Paradis avec les ânes

Lorsqu'il faudra aller vers Vous, ô mon Dieu, faites
que ce soit par un jour où la campagne en fête
poudroiera. Je désire, ainsi que je fis ici-bas,
choisir un chemin pour aller, comme il me plaira,
au Paradis, où sont en plein jour les étoiles.
Je prendrai mon bâton et sur la grande route
j'irai, et je dirai aux ânes, mes amis :
Je suis Francis Jammes et je vais au Paradis,
car il n'y a pas d'enfer au pays du Bon Dieu.
Je leur dirai : « Venez, doux amis du ciel bleu,
pauvres bêtes chéries qui, d'un brusque mouvement d'oreille,
chassez les mouches plates, les coups et les abeilles. »
Que je Vous apparaisse au milieu de ces bêtes
que j'aime tant parce qu'elles baissent la tête
doucement, et s'arrêtent en joignant leurs petits pieds
d'une façon bien douce et qui vous fait pitié.
J'arriverai suivi de leurs milliers d'oreilles,
suivi de ceux qui portent au flanc des corbeilles,
de ceux traînant des voitures de saltimbanques
ou des voitures de plumeaux et de fer-blanc,
de ceux qui ont au dos des bidons bossués,
des ânesses pleines comme des outres, aux pas cassés,
de ceux à qui l'on met de petits pantalons
à cause des plaies bleues et suintantes que font
les mouches entêtées qui s'y groupent en ronds.
Mon Dieu, faites qu'avec ces ânes je Vous vienne.
Faites que, dans la paix, des anges nous conduisent
vers des ruisseaux touffus où tremblent des cerises
lisses comme la chair qui rit des jeunes filles,
et faites que, penché dans ce séjour des âmes,
sur Vos divines eaux, je sois pareil aux ânes
qui mireront leur humble et douce pauvreté
à la limpidité de l'amour éternel.

Francis Jammes
Le Deuil des primevères

Francis Jammes (1868-1938), écrivain dont l'œuvre est empreinte de simplicité, visant à l'accord parfait du langage au sentiment (*De l'Angélus de l'aube à l'Angélus du soir, Le Deuil des primevères*...). Son amitié avec Paul Claudel le convertit au catholicisme (*Clairières dans le ciel, Les Géorgiques chrétiennes*).

Les prières dans la cathédrale de Chartres

Ô reine voici donc après la longue route,
Avant de repartir par ce même chemin,
Le seul asile ouvert au creux de votre main,
Et le jardin secret où l'âme s'ouvre toute.

Voici le lourd pilier et la montante voûte;
Et l'oubli pour hier, et l'oubli pour demain;
Et l'inutilité de tout calcul humain;
Et plus que le péché, la sagesse en déroute.

Voici le lieu du monde où tout devient facile,
Le regret, le départ, même l'événement,
Et l'adieu temporaire et le détournement,
Le seul lieu de la terre où tout devient docile,

Et même ce vieux cœur qui faisait le rebelle;
Et cette vieille tête et ses raisonnements;
Et ces deux bras raidis dans les casernements;
Et cette jeune enfant qui faisait trop la belle.

Voici le lieu du monde où tout est reconnu,
Et cette vieille tête et la source des larmes;
Et ces deux bras raidis dans le métier des armes;
Le seul coin de la terre où tout est contenu.

Voici le lieu du monde où tout est revenu
Après tant de départs, après tant d'arrivées,
Voici le lieu du monde où tout est pauvre et nu
Après tant de hasards, après tant de corvées. [...]

Charles Péguy
Notre Dame

Charles Péguy (1873-1914), écrivain, ardent défenseur de l'humanitarisme, à l'idéal élevé, fondateur des *Cahiers de la Quinzaine* abordant tous les problèmes politiques contemporains, revint à la foi catholique en 1908 pour construire une œuvre lyrique chargée de spiritualité (*Le Mystère de la Charité de Jeanne d'Arc, La Tapisserie de Notre-Dame*...). Il fut tué au front à la veille de la bataille de la Marne.

L'ascenseur vers le ciel

Vous le savez, ma Mère, mon désir a toujours été de devenir sainte; mais hélas! j'ai toujours constaté, lorsque je me suis comparée aux saints, qu'il existe entre eux et moi la même différence que nous voyons dans la nature entre une montagne, dont le sommet se perd dans les nuages, et le grain de sable obscur foulé sous les pieds des passants.

Au lieu de me décourager, je me suis dit: Le bon Dieu ne saurait inspirer des désirs irréalisables; je puis donc, malgré ma petitesse, aspirer à la sainteté. Me grandir, c'est impossible! Je dois me supporter telle que je suis, avec mes imperfections sans nombre; mais je veux chercher le moyen d'aller au ciel par une petite voie bien droite, bien courte, une petite voie toute nouvelle. Nous sommes dans un siècle d'inventions: maintenant, ce n'est plus la peine de gravir les marches d'un escalier; chez les riches, un ascenseur le remplace avantageusement. Moi, je voudrais aussi trouver *un ascenseur* pour m'élever jusqu'à Jésus; car je suis trop petite pour gravir le rude escalier de la perfection.

Alors j'ai demandé aux Livres saints l'indication de *l'ascenseur*, objet de mon désir; et j'ai lu ces mots, sortis de la bouche même de la Sagesse éternelle: « Si quelqu'un est tout petit, qu'il vienne à Moi. » Je me suis donc approchée de Dieu, devinant bien que j'avais découvert ce que je cherchais; et voulant savoir encore ce qu'Il ferait au tout petit, j'ai continué mes recherches, et voici ce que j'ai trouvé: « Comme une mère caresse son enfant, ainsi je vous consolerai, je vous porterai sur mon sein, et je vous balancerai sur mes genoux. »

Ah! Jamais paroles plus tendres, plus mélodieuses ne sont venues réjouir mon âme: *l'ascenseur* qui doit m'élever jusqu'au ciel, *ce sont vos bras, ô Jésus!* Pour cela, je n'ai pas besoin de grandir, il faut au contraire que je reste petite, que je le devienne de plus en plus. Ô mon Dieu, Vous avez dépassé mon attente; et moi, je veux chanter Vos miséricordes!

Sainte Thérèse de l'Enfant-Jésus
Histoire d'une âme

Sainte Thérèse de l'Enfant-Jésus et de la Sainte-Face (1873-1897) entra au carmel de Lisieux à 15 ans et y mourut à 24 ans. Son autobiographie, *Histoire d'une âme*, rédigée à la demande de sa sœur, supérieure du couvent, eut une influence considérable sur ses lecteurs car elle y décrit la meilleure voie d'accès à la sainteté, faite de profonde humilité et d'abandon à Dieu. C'est un des plus beaux textes de la chrétienté, empli d'amour et de confiance en Jésus-Christ.

Platon et Shakespeare demain au petit déjeuner

Dans son rapport avec mon âme, l'Église chrétienne est un maître vivant, non un maître mort. Non seulement elle m'a donné une leçon hier, mais il est presque certain qu'elle m'en donnera une demain. Une fois, j'ai soudain saisi le sens de la forme de la croix ; peut-être que je saisirai un jour, aussi soudainement, le sens de la forme de la mitre. Par un matin de vacances, j'ai compris pourquoi les fenêtres étaient en ogive ; peut-être qu'un beau matin, je comprendrai pourquoi les prêtres se rasent le sommet du crâne. Platon vous a enseigné une vérité, mais Platon est mort. Shakespeare vous a ébloui avec une image, mais Shakespeare n'inventera plus jamais d'images pour vous éblouir. Imaginez ce que serait la vie si des hommes de cette envergure vivaient encore, si vous appreniez que, demain, Platon donnera une conférence originale, ou que Shakespeare, d'un instant à l'autre, fera vibrer la terre entière avec une simple chanson. L'homme qui vit en relation avec ce qu'il croit être une Église vivante est pareil à celui qui s'attend toujours à rencontrer Platon et Shakespeare demain au petit déjeuner.

Gilbert Keith Chesterton
Orthodoxie

Gilbert Keith Chesterton (1874-1936), romancier et essayiste britannique, a connu le succès grâce à ses histoires policières ayant pour héros le père Brown, prêtre-détective aux intuitions infaillibles. Converti au catholicisme en 1922, il soutenait que le christianisme était profondément rationnel.

Tout espérer pour le Christ

L'Astre que le Monde attend, sans savoir encore prononcer son nom, sans apprécier exactement sa vraie transcendance, sans pouvoir même distinguer les plus spirituels, les plus divins de ses rayons, c'est forcément le Christ même que nous espérons. Pour désirer la Parousie, nous n'avons qu'à laisser battre en nous, en le christianisant, le cœur même de la Terre.

Pourquoi donc, hommes de peu de foi, craindre ou bouder les progrès du Monde ? Pourquoi multiplier imprudemment les prophéties et les défenses : « N'allez pas… n'essayez pas… tout est connu, la Terre est vide et vieille : il n'y a plus rien à trouver… »

Tout essayer pour le Christ ! Tout espérer pour le Christ ! *Nihil intentatum !* Voilà, juste au contraire, la véritable attitude chrétienne. Diviniser n'est pas détruire, mais surcréer. Nous ne saurons jamais tout ce que l'Incarnation attend encore des puissances du Monde. Nous n'espérerons jamais assez de l'unité humaine croissante.

Pierre Teilhard de Chardin
Le Milieu divin

Pierre Teilhard de Chardin (1881-1955) était jésuite, chercheur, théologien, paléontologue et philosophe. Scientifique de renommée internationale, il fut considéré comme l'un des paléoanthropologues les plus remarquables de son époque. Il fut un des premiers à formuler une synthèse de l'histoire de l'Univers selon l'état des connaissances de son époque dans une optique à la fois évolutionniste et spiritualiste, en réconciliant en somme la Bible et Darwin.

Il a pris feu dans mon cœur

L'Étranger qui m'a visité, un soir de mai, devant le Tâq, sur le Tigre, dans la cabine de ma prison, et la corde serrée après deux tentatives d'évasion, est entré, toutes portes closes. Il a pris feu dans mon cœur que mon couteau avait manqué, cautérisant mon désespoir qu'Il fendait, comme la phosphorescence d'un poisson montant du fond des eaux abyssales. [...] Aucun nom alors ne subsista dans ma mémoire (pas même le mien) qui pût Lui être crié, pour me délivrer de Son stratagème, et m'évader de Son piège. [...]

L'Étranger qui m'a pris tel quel, au jour de Sa colère, inerte dans Sa main comme le gecko des sables, a bouleversé, petit à petit, tous mes réflexes acquis, toutes mes précautions, et mon respect humain. Par un renversement des valeurs, Il a transmué ma tranquillité relative de possédant en misère de pauvresse. [...] Pour « entrer en présence » de Celui qu'aucun Nom *a priori* n'ose évoquer, ni « Toi », ni « Moi », ni « Lui », ni « Nous », je transcris simplement un cri, imparfait, certes, mais poignant, de Rûmi, où le Désir divin, essentiel, insatiable et transfigurant, jaillit du tréfonds de notre adoration silencieuse et nue : la nuit.

Ce Quelqu'un, dont la beauté rend jaloux les Anges,
Est venu au petit jour, et Il a regardé dans mon cœur ;
Il pleurait, et je pleurais, jusqu'à la venue de l'aube,
Puis Il m'a demandé : de nous deux, dis, « qui est l'amant ».

Louis Massignon
Parole donnée

Louis Massignon (1883-1962), orientaliste, professeur au Collège de France et à l'École des hautes études, a laissé d'importants travaux sur la mystique islamique dont *La Passion d'Al-Hallâdj, martyr mystique de l'islam.* Au cours d'un voyage en Mésopotamie en 1908, alors qu'il était en captivité, il eut une expérience spirituelle très forte, qu'il a relatée dans ce texte et qui le convertit pour le reste de sa vie. Initiateur du dialogue entre l'islam et l'Église, il fut qualifié par le pape Pie XI de « catholique musulman ».

Sauver la désobéissance

C'est, dans la Ville future, une rue où se croisent et s'entrecroisent les multiples câbles de la science humaine, une rue sans ciel, emprisonnée dans le jour fumeux au ras des toits. [...] La Joie vit à l'air libre. La Joie a besoin de respirer. Dans cette rue, la Joie mourra, est morte déjà, étouffée. La Joie est pour chacun dans sa chose unique, dans ce don de soi-même à soi-même que, malgré toute fraternité, nul ne reçoit d'autrui. Elle est pour chacun à cette merveilleuse place ingouvernée, insoumise de l'âme, où joue, à sa manière toute neuve, un petit enfant désobéissant, sans s'occuper de ce que font autour de lui les grandes personnes bien ordonnées qu'ont remontées et mises en marche une quantité d'ingénieurs et de contremaîtres – groupes, sociétés, syndicats – elles sont là toutes ensemble à obéir dans cette rue, à travailler pareil, à coucher pareil, à gagner pareil, à penser, aimer, haïr, chanter, crier pareil, vêtues de couleurs pareilles. Qui sauvera maintenant sa chose unique ? Sauver la désobéissance...

Marie Noël
Notes intimes

Marie Noël (1883-1967), poétesse, célibataire, passa toute sa vie à Auxerre. Passionnée et tourmentée, elle est surtout connue pour ses œuvres de « chanson traditionnelle » (dont *Chants et Psaumes d'automne* ou *Le Rosaire des joies*), alors qu'elle a aussi produit des écrits plus sombres, dont les *Notes intimes*, où elle exprime avec sincérité les errances d'une âme lucide entre le doute et les joies spirituelles.

Une soudaine lumière intérieure m'investit

Au terme de quinze jours de pénible pâtir, ce matin après la sainte messe durant l'action de grâce, j'ai entendu pendant un bref instant Jésus qui me disait intimement: « Sois en paix, ne te démène pas: Je suis avec toi. »
Quel effet ont produit ces brèves paroles, dites sur un ton si doux, si pénétrant et si autoritaire, je ne réussis pas à le dire. Je sais seulement que je me suis senti revenir à la vie, laquelle avait été ravagée par le long martyre souffert durant les quinze derniers jours. Tout me semblait détruit, tout en moi était en ruine, tout me donnait la nausée, je me sentais indisposé par tout. Tout en moi se révoltait, sauf la concupiscence. Je me sentais une extrême compassion pour les âmes, dont la plus légère souffrance m'était un martyre. J'aurais voulu les aider, mais je m'en sentais absolument incapable, et tout cela me causait de mortelles douleurs. Je me tournais vers Jésus, mais qui me répondait? Le rien, le rien parfait. [...]
L'épreuve était à son comble, mon âme connaissait les sommets de l'agonie, et au moment où je croyais trouver la mort, je recouvrai la vie. À l'instant où je consommai les espèces eucharistiques, une soudaine lumière intérieure m'investit, et je vis clairement la Mère céleste avec son enfant dans les bras, qui tous deux me dirent: « Sois en paix. Nous sommes avec toi, tu nous appartiens et nous sommes à toi. »
Sur ce, je ne vis plus rien. Le calme et la paix revinrent, toutes mes peines se dissipèrent d'un coup. Pendant toute la journée, je me suis senti immergé dans un océan de douceur et d'amour indicible pour Dieu et pour les âmes.
Quand le soleil se coucha sur cette journée, je suis revenu à mon état normal, tandis que s'agitaient légèrement les signes avant-coureurs d'une tempête, qui néanmoins semblait encore lointaine. Dieu sait ce qui arrivera. Quand je mesure mes forces à l'aune de celui qui me réconforte, il me semble être prêt à tout affronter pour Jésus. *Laus Deo.*

Padre Pio
Fragment du journal spirituel, 21 juillet 1929

Padre Pio (1887-1968), capucin et prêtre italien, fut connu pour être le premier prêtre et l'un des rares hommes à qui l'on a attribué des stigmates. Il souffrit toute sa vie à la fois physiquement et moralement, puisque l'Église mit longtemps à reconnaître l'authenticité de ses souffrances. Il attirait des foules qui venaient le rencontrer. Il résuma ainsi ses années difficiles: « Cinquante ans de vie religieuse, cinquante ans cloué à la croix, cinquante ans de feu dévorant pour toi, Seigneur, pour les êtres que tu as rachetés. » Il a été canonisé par l'Église en 2002 sous le nom de saint Pio de Pietrelcina.

Être libre de soi-même

Alors tout est changé : on est libre et davantage, on ne peut qu'être libre, le seul devoir c'est d'être libre, libre, libre de tout, libre à l'égard de tous, libre devant Dieu qui est la liberté même, libre d'abord de soi-même. Si je suis esclave de moi-même, je suis dans le pire des esclavages : la seule liberté c'est d'être libre de soi-même. C'est ce qui m'a permis de vivre dans une critique à l'égard de tout, de tout, de tout, de critiquer l'Écriture d'un bout à l'autre, de rejeter tout ce qui n'est pas l'Amour et d'être fidèle à tout, parce que l'Écriture est un sacrement, c'est le voile derrière lequel il faut chercher le visage de l'amour. La hiérarchie est un sacrement. Il ne s'agit pas d'être esclave de la hiérarchie mais à travers elle, et malgré elle s'il le faut, de trouver le visage de l'amour. [...]

Tout apostolat est ceci : de ne laisser transparaître que l'amour, rien d'autre. Ce qu'il faut sauver dans les autres, c'est l'amour. Et comment le sauver ? Par l'amour. Il ne s'agit pas de prêcher l'amour, mais d'être l'amour.

Pour connaître la vérité, il faut appliquer la grille du respect et de l'amour. Quand un homme cherche dans la lecture, il n'est pas seul. Quand un homme cherche dans son laboratoire, il n'est pas seul. À travers l'expérience qu'il faut, il n'est pas seul : il y a une pensée, une présence, une intelligence, une lumière qui l'appelle. Il doit faire le vide en soi, il doit se purifier pour découvrir la vérité.

Alors peu à peu, à travers ses calculs, à travers ses mesures, son microscope, son télescope, ses dissections anatomiques, il va être en contact, en dialogue avec Quelqu'un et la vérité, ce sera cette présence d'amour qui lui permettra de dépasser le laboratoire, les calculs, les observations pour dialoguer à travers eux avec la lumière qui commence à illuminer son intelligence et à lui faire comprendre que l'univers est en avant de lui, que l'univers est imparfait, inachevé, qu'il n'existera finalement que lorsqu'il aura fermé l'anneau d'or des fiançailles éternelles, lorsqu'il aura donné le complément et le supplément de son oui, le supplément et le complément de son amour.

C'est ainsi qu'en toutes circonstances, l'amour apparaîtra comme une personne, confiée à notre amour, que la vie va se transfigurer, qu'elle va devenir sacrée et que la religion va devenir la respiration même de notre existence.

Maurice Zundel
Confidences au carmel de Matarieh

Maurice Zundel (1897-1975), prêtre et théologien suisse, s'intéresse aux recherches de la science, de la littérature et des arts. Il mène une vie itinérante de conférencier qui le conduit de Suisse en France, en Israël, en Égypte et au Liban. Il noue dès 1926 une forte amitié avec l'abbé Jean-Baptiste Montini, qui deviendra le pape Paul VI et qui l'invitera à prêcher la retraite au Vatican en 1972. Il a publié une trentaine de livres. Sa mystique est entièrement axée sur la joie de la libération des déterminismes biologiques par la communion à l'Esprit dans l'art, la science, et surtout la religion. Pour lui, le don ou sacrifice de soi est un acte joyeux de communion.

ІНЦІ

La passe du mont

Vêtu d'orage et puis de soleil froid,
Par des chemins que Dieu seul sait,
Je suis passé par-dessus les nuages.

Par le chemin que Dieu seul sait,
Ai-je gravi les degrés de mon âge
Et les revers subis m'ont-ils haussé ?

Dans mon propre regard, où Dieu seul sait,
Peux-je me taire et tenir droit,
Vêtu d'orage, et puis de soleil froid ?

Lanza del Vasto
Mont Athos

Lanza del Vasto (1901-1981), penseur et écrivain français d'origine italienne. À la suite de Gandhi, il prôna un retour à la nature, le refus de la violence, le rappel des valeurs spirituelles trop oubliées (*Le Pèlerinage aux sources*, *Commentaires sur l'Évangile*). Il conserva toutefois sa foi catholique. Je l'ai personnellement connu lorsqu'il venait avec ses disciples chez ma mère : ils étaient tous habillés de vêtements de coton blanc qu'ils tissaient eux-mêmes…

Cachez-moi dans Votre sein

Seigneur, mon Dieu, Vous avez tout demandé à Votre petite servante : prenez donc et recevez tout. En ce jour, je me remets à Vous sans réserve et sans retour.
Ô le bien-aimé de mon âme, c'est Vous seul que je veux...
Et pour Votre amour, je renonce à tout...
Ô Dieu d'amour, prenez ma mémoire et tous ses souvenirs.
Prenez mon intelligence et faites qu'elle ne serve qu'à Votre plus grande gloire...
Prenez ma volonté tout entière...
Prenez mon corps et tous ses sens, mon esprit et toutes
ses facultés, mon cœur et toutes ses affections.
Recevez l'immolation que chaque jour et à toute heure je Vous offre en silence.
Daignez l'agréer et changez-la en grâces et en bénédictions pour tous ceux que j'aime, pour la conversion des pécheurs et la sanctification des âmes...
Prenez et sanctifiez toutes mes paroles, toutes mes actions, tous mes désirs.
Soyez à mon âme son bien et son tout. À Vous je la donne et je l'abandonne.
J'accepte avec amour tout ce qui vient de Vous : peine, douleur, joie, consolation, sécheresse, abandon, délaissement, mépris, humiliation, travail, souffrance,
Mon Dieu, Vous connaissez ma fragilité et l'abîme infini de ma grande faiblesse.
Si je devais un jour être infidèle à Votre souveraine volonté sur moi,
si je devais... déserter Votre chemin d'amour, oh ! je Vous en supplie,
faites-moi la grâce de mourir à l'instant !
Ô Dieu de mon âme, ô Divin Soleil, je Vous aime, je Vous bénis,
je Vous loue, je m'abandonne toute à Vous. Je me réfugie en Vous.
Cachez-moi dans Votre sein... Prenez-moi avec Vous.
C'est en Vous seul que je veux vivre.

Marthe Robin
Journal, 15 octobre 1925

Marthe Robin (1902-1981) naquit à Châteauneuf-de-Galaure dans la Drôme où elle demeura toute sa vie. Atteinte d'une maladie grave qui la maintint dans sa chambre, elle accueillit cette épreuve qui la rapprocha de Dieu. À partir de 1930 et jusqu'à sa mort, elle ne s'alimenta plus qu'en hosties consacrées. À partir de la même période, elle reçut les stigmates tous les vendredis, ce qui la mena à identifier ses intenses souffrances à celles du Christ. Du fond de son lit, elle eut un rayonnement spirituel en recevant de nombreux visiteurs, et fonda les Foyers de Charité.

Le besoin d'avoir un dedans

Immergé dans un monde de béton, de technique, de vie programmée, de concurrence sans merci, l'homme d'aujourd'hui éprouve le besoin, tout à la fois d'avoir un dedans, un sanctuaire personnel, et une communion avec d'autres hommes. [...] Le secret d'une relation vraie avec les autres consiste à savoir vraiment qu'ils sont aussi des *sujets*, des personnes, des centres de sentiments et de projets. Nous ne sommes pas seuls à être un tel centre. Le penser, se comporter comme s'il en était ainsi, nous ferait traiter les autres en objets de nos désirs ou entreprises. Or ils sont aussi des personnes.

Le Saint-Esprit est cette présence active de l'Absolu en nous qui, tout à la fois, approfondit notre dedans en le rendant vivant et chaleureux et nous met en rapport de communion avec les autres : il est exigence et moyen de communion. [...]

La dimension profonde de notre être s'actualise dans la prière, cet admirable geste qui est propre à l'homme et le qualifie dans son humanité. Nous pouvons réaliser la relation je-tu non seulement horizontalement, avec un partenaire humain, mais verticalement, avec ce partenaire qui est à la fois infiniment au-dessus et plus intime que notre moi profond. S'adresser à lui est tellement un besoin qu'une fois de plus on pourra dire qu'il est une simple projection de notre désir. Nous avons besoin d'un appui, d'une aide. Certains les cherchent dans l'alcool, la drogue, un gourou... Dieu serait-il une drogue noble ? S'il existe – il est raisonnable de le *croire* et cela peut se prouver – ce sera tout autre chose. Mais, une fois de plus, le positif religieux et même surnaturel répond à une structure de notre existence, ce qui est tout à fait normal. C'est la solution effective et concrète d'un problème philosophiquement difficile : comment du *surnaturel* peut-il être une réponse à un appel de la *nature ?*

L'Esprit assure la pleine qualité chrétienne de notre prière. Il nous fait prendre la suite de celle de Jésus. Il nous est rapporté de lui : « Il tressaillit de joie sous l'action de l'Esprit-Saint et dit : "Je Te bénis, Père, Seigneur du ciel et de la terre, d'avoir caché cela aux sages et aux habiles et de l'avoir révélé aux tout petits. Oui, Père, car tel a été Ton bon plaisir..." » (Luc 10, 21).

Yves Congar
Esprit de l'homme, esprit de Dieu

Yves Congar (1904-1995), théologien dominicain, cardinal, fut expert au concile Vatican II où il joua un rôle important. Il fut un promoteur de l'œcuménisme et engagea une importante réflexion sur le rôle des laïcs dans l'Église.

Ne perdez pas pied par rapport à vous-même

Une semaine plus tard, je retournai à la cathédrale et y rencontrai le père Trollope. J'allais me prendre d'affection pour lui dans les semaines qui suivirent ; mais, à première vue, il représenta tout ce que je détestais le plus dans l'image que je me faisais de l'Église. Très grand, très gras, avec de grosses bajoues toutes lisses qui avaient l'air de ne jamais avoir besoin du rasoir [...]. Pauvre Trollope ! Les apparences le desservaient. Il menait une existence des plus ascétique ; l'une de ses pires privations était la règle qui, à l'époque, lui interdisait de se rendre au théâtre ; car il avait été acteur dans le West End [...]. Puis je ne sais quelle force intérieure l'avait impérieusement poussé à continuer jusqu'à la prêtrise. [...]

C'est au bout de quelques semaines seulement qu'il me raconta son histoire, et ce fut comme une main se posant sur mon épaule en signe d'avertissement : « Voyez le danger d'aller trop loin, semblait dire cet avertissement menaçant. Faites très attention. Surtout ne perdez pas pied par rapport à vous-même. Il y a au large des courants dangereux qui pourraient vous entraîner n'importe où... » [...]

Il me fallut quelque temps avant de comprendre l'absolue fausseté de ma première impression et de voir que j'étais confronté avec le défi d'une invraisemblable bonté.

Graham Greene
Une sorte de vie

Graham Greene (1904-1991), écrivain anglais, a construit son œuvre abondante sur des situations où l'homme est confronté aux violences de l'histoire. Cette intensité dramatique est traitée avec un pessimisme bien caractéristique de l'auteur quant à la nature humaine. Il s'est converti au catholicisme au moment de son mariage en 1926.

hic est filius meus dilectus

Toute la Plénitude de la Divinité

Mais à partir de l'unité du Christ, quel immense espace de liberté s'entrouvre : « tout est vôtre », monde, vie et mort, présent et avenir, si « vous êtes au Christ », car « le Christ est de Dieu » (1Co. 3, 23). Toute la porte tourne autour d'un pivot unique ; la pluralité de toutes les formes du monde et de l'histoire, y compris la mort et l'avenir, se tient à la disposition de la pensée et de l'agir du chrétien, pourvu qu'il se remette avec le Christ à Dieu. À Dieu qui est en même temps Tout et Se détermine Lui-même librement, et dans sa parole déterminée donne son Tout au monde. Nous pensons que Dieu ne peut pas faire cela : que Sa détermination devrait être une limitation : Jésus-Christ n'est-il pas simplement une possibilité entre des milliers ? Nous nous faisons illusion : en lui habite corporellement toute la Plénitude de la Divinité (Col. 2, 9).

Hans-Urs von Balthasar
La vérité est symphonique

Hans-Urs von Balthasar (1905-1988), prêtre suisse, d'abord jésuite, puis séculier à sa demande, a été un théologien de premier ordre du XXe siècle. Il fut le défenseur de la tradition chrétienne face aux tentations d'une pensée moderne sécularisée. Sa théologie, centrée sur la personne du Christ, tente de faire le lien entre le dogme de l'Église catholique et l'expérience quotidienne de la piété.

Vivre dans le monde

Je continue d'apprendre que c'est en vivant pleinement la vie terrestre qu'on parvient à croire. Quand on a renoncé complètement à devenir quelqu'un – un saint, ou un pécheur converti, ou un homme d'Église (ce qu'on appelle une figure de prêtre), un juste ou un injuste, un malade ou un bien portant – afin de vivre dans la multitude des tâches, des questions, des vides insuccès, des expériences et des perplexités – et c'est ce que j'appelle vivre dans le monde –, alors on se met pleinement entre les mains de Dieu, on prend au sérieux non ses propres souffrances, mais celles de Dieu dans le monde, on veille le Christ à Gethsémani ; telle est, je pense, la foi, la métanoïa ; c'est ainsi qu'on devient un homme, un chrétien.

Dietrich Bonhoeffer
Le Seigneur des non-religieux

Dietrich Bonhoeffer (1906-1945), théologien protestant allemand, s'engagea, dès la prise du pouvoir par Hitler, dans le combat de l'Église confessante face au « christianisme positif » de l'idéologie nazie. Il fut pendu par les nazis en 1945, laissant une œuvre (dont *Le Prix de la grâce* ou *Résistance et Soumission*) qui est le témoignage d'un chrétien engagé dans un monde abandonné de Dieu.

Nous avons un devoir de donner

Entrons dans la vie. Nous avons un devoir de donner. Être humain, c'est aimer et, en aimant, partager l'immortalité. Car l'amour ne peut pas mourir. Oui, l'amour est plus fort que la mort, mais encore faut-il arriver à vivre à la source de l'amour.

Je crois que si j'étais plus proche des autres je partagerais l'immortel. Arrêtons les belles théories. Est-ce que j'ai honte de ce qui se passe dans le monde ? Est-ce que je partage assez mon savoir ? Est-ce que tout mon être est hanté par la pensée de partager mes richesses ? Ce ne doit pas être un complexe, mais un désir d'enrichir l'autre de ce que j'ai reçu. Comment faire pour donner ? Demandons-le-nous.

Sœur Emmanuelle
Discours à l'Académie universelle des cultures

Sœur Emmanuelle (1908-2008), native de Belgique, entra dans la congrégation de Notre-Dame de Sion en 1931 où elle fut longtemps enseignante, notamment en Turquie. À l'âge de la retraite, en 1971, elle créa des œuvres caritatives en Égypte auprès des enfants et des plus démunis. Son énergie et son amour des miséreux lui ont valu d'être surnommée la « petite sœur des chiffonniers ». La force de son engagement et de sa conviction lui donnèrent une audience considérable auprès du public, même non chrétien.

Seigneur, quand je suis affamée…

Seigneur, quand je suis affamée,
Donne-moi quelqu'un qui ait besoin de nourriture
Quand j'ai soif,
Envoie-moi quelqu'un qui ait besoin d'eau.
Quand j'ai froid,
Envoie-moi quelqu'un à réchauffer.
Quand je suis blessée,
Donne-moi quelqu'un à consoler.
Quand ma croix devient lourde,
Donne-moi la croix d'un autre à partager.
Quand je suis pauvre,
Conduis-moi à quelqu'un dans le besoin.
Quand je n'ai pas de temps,
Donne-moi quelqu'un que je puisse aider un instant.
Quand je suis humiliée,
Donne-moi quelqu'un dont j'aurai à faire l'éloge.
Quand je suis découragée,
Envoie-moi quelqu'un à encourager.
Quand j'ai besoin de la compréhension des autres,
Donne-moi quelqu'un qui ait besoin de la mienne.
Quand j'ai besoin qu'on prenne soin de moi,
Envoie-moi quelqu'un dont j'aurai à prendre soin
Quand je ne pense qu'à moi,
Tourne mes pensées vers autrui.

Mère Teresa
Prière

Mère Teresa (1910-1997), religieuse indienne d'origine albanaise, fut au XXe siècle une des plus belles personnifications de la générosité et du don de soi. Elle créa plusieurs organismes pour soigner les miséreux de Calcutta et fonda la Congrégation des missionnaires de la Charité, aujourd'hui implantée dans le monde entier. Son œuvre immense lui valut de recevoir le prix Nobel de la Paix en 1979. Elle fut béatifiée dès 2003 par le pape Jean-Paul II.

Exister est une joie puisque Dieu existe

La joie est un mystère. Les bêtes n'ont que les contentements de l'instinct, mais nous, la nature nous ennuie par ses redites ou nous irrite par ses caprices, la société nous afflige par ses abus ou nous inquiète par ses troubles et pourtant, même malheureuse, chaque âme a d'inexplicables moments de joie profonde.

Ne soyons dupes de rien. Les activités de l'univers n'ont pas l'air d'avoir de sens, celles des humains non plus. La seule chose qui vaille semble être d'exister. On s'en aperçoit par les repas et par les travaux. Il s'agit d'ailleurs d'aimer ce qu'on fait plutôt que de faire ce qu'on aime.

Être ne suffit pas, ni la vie inconsciente, mais prendre conscience de vivre par cette sorte d'élan qu'on ne cesse de risquer. C'est là s'en tenir à ce qu'a découvert Abraham : exister est une joie puisque Dieu existe.

Jean Grosjean
Les Versets de la sagesse

Jean Grosjean (1912-2006), écrivain, ancien prêtre, a écrit une poésie libre et inspirée par les grandes figures de la Bible (*Le Messie*, *Élie*, *Pilate*, *La Reine de Saba*). Il a aussi traduit *L'Évangile selon Jean*, le Coran, Eschyle et Sophocle.

Le Royaume des Cieux était là

Puis vint ce jour où je me trouvais à Vérone, en Italie, parmi des dizaines de milliers de jeunes. Tandis que l'on traduisait les discours précédents, je regardais distraitement autour de moi. Il y avait là de grandes bandes de toile sur lesquelles étaient écrites les Béatitudes. Et, pour la première fois de ma vie, j'ai pris conscience que toutes les Béatitudes sont écrites au futur. Seules la première et la dernière sont au présent :

« Bienheureux les pauvres de cœur, le Royaume des Cieux est à eux. »

« Bienheureux ceux qui souffrent persécution pour la justice, le Royaume des Cieux est à eux. »

Ce jour-là j'ai ressenti une joie formidable au-dedans de moi. Tout à coup, je découvrais le sens de ces Béatitudes : depuis le jour où il y a eu trois humains, dès qu'il y en a eu un fort qui a voulu exploiter un faible et dès que le troisième s'est mis entre les deux en disant : « Non. Pas ça, c'est pas juste ! », le Royaume des Cieux était là. Il était là parce que cet homme acceptait de se donner tout entier, ne supportant pas d'être heureux sans les autres, ne supportant pas l'injustice.

Abbé Pierre
Testament

Henri Grouès, dit l'abbé Pierre (1912-2007), prêtre, adopta son nom en entrant dans la Résistance. Après quelques années au Parlement comme député, il fonda la Communauté des chiffonniers d'Emmaüs et lança à l'hiver 1954 une célèbre campagne pour sauver les sans-abris. Jusqu'à la fin il ne cessa pas le combat en faveur des défavorisés tout en appelant à l'amour de Dieu.

Tout ces êtres si beaux, tous reflets de Dieu

« Je est un autre » : depuis longtemps, j'ai été fasciné par cette phrase de Rimbaud. [...] Je suis ce que je suis par mes relations avec les autres. Plus je suis en relation et plus je suis « je », plus je suis une personne. [...]

J'ai l'impression que, si je me séparais un jour de ces milliers et milliers de relations avec tous ceux et toutes celles que j'ai connus et aimés, je cesserais d'être moi-même, je tomberais dans le néant et je disparaîtrais. Tous ces êtres merveilleux que j'ai rencontrés le long de mon chemin : depuis ma lointaine Corrèze et mes années de collège à Sarlat dans le Périgord, depuis l'Inde, la frontière cambodgienne et à nouveau l'Inde avec ses milliers d'enfants – tous ces êtres que j'ai tellement aimés, peut-être trop aimés, mais aime-t-on jamais trop ? –, tous ces êtres si beaux, tous reflets de Dieu, si par malheur j'avais à les oublier, ce serait la fin de « moi », la fin de ce que je suis.

Nous sommes tous des faisceaux de relations, des mains tendues vers les autres. En « fin finale », nous sommes tous des appels vers l'Autre, des cris vers l'Autre, des cris vers Dieu.

Pierre Ceyrac
Pèlerin des frontières

Pierre Ceyrac (né en 1914), prêtre jésuite, part dès l'âge de 23 ans en Inde, où il fréquente d'abord les milieux étudiants, puis se consacre aux populations défavorisées en les aidant à exploiter les terres incultes, en accueillant les réfugiés des pays communistes voisins, en créant des centres d'accueil d'enfants de familles très pauvres… Il a écrit plusieurs ouvrages dont *Mes racines sont dans le ciel.*

C'EST PAR L'UNION DES
COEURS QUE LES MONASTERES
SE CONSERVENT ET Q'ILS SONT
LES IMAGES DU CIEL . (VP)

Qui a une âme de pauvre ?

Heureux ceux qui ont une âme de pauvre

Heureux ceux qui acceptent de se laisser critiquer par la parole de Dieu

Heureux ceux qui acceptent de remettre leurs idées en question

Heureux ceux qui acceptent de croire qu'ils n'ont encore rien compris

Heureux ceux qui savent accepter de penser que Dieu peut tout demander

Le premier appauvrissement que Dieu nous demande, c'est de
renoncer à l'idée que nous nous étions faite de la pauvreté.

Il n'y a pas d'état d'« âme » qui puisse exister sans
se traduire dans le geste d'un corps !

L'humiliation d'être riche est un début de pauvreté. L'orgueil
d'être pauvre est la plus dangereuse des richesses.

Qui a une âme de pauvre ?

Frère Luc
Texte manuscrit trouvé dans son missel quotidien

Frère Luc Dochier (1914-1996), médecin, a exercé pendant la Deuxième Guerre mondiale avant de prendre la place d'un père de famille nombreuse en partance pour un camp de prisonniers en Allemagne. Frère convers du monastère de Tibhirine depuis 1947, il a soigné tout le monde gratuitement, sans distinction. Il a été assassiné, en compagnie de six frères de sa communauté, en 1996, dans des circonstances demeurées mystérieuses.

Et toi aussi, l'ami de la dernière minute

S'il m'arrivait un jour – et ça pourrait être aujourd'hui – d'être victime du terrorisme qui semble vouloir englober maintenant tous les étrangers vivant en Algérie, j'aimerais que ma communauté, mon Église, ma famille, se souviennent que ma vie était donnée à Dieu et à ce pays.
Qu'ils acceptent que le Maître unique de toute vie ne saurait être étranger à ce départ brutal. Qu'ils prient pour moi : comment serais-je trouvé digne d'une telle offrande ? Qu'ils sachent associer cette mort à tant d'autres aussi violentes, laissées dans l'indifférence de l'anonymat.
Ma vie n'a pas plus de prix qu'une autre. Elle n'en a pas moins non plus. [...] Ma mort, évidemment, paraîtra donner raison à ceux qui m'ont rapidement traité de naïf, ou d'idéaliste : « Qu'il dise maintenant ce qu'il en pense ! »
Mais ceux-là doivent savoir que sera enfin libérée ma plus lancinante curiosité. Voici que je pourrai, s'il plaît à Dieu, plonger mon regard dans celui du Père pour contempler avec Lui ses enfants de l'islam tels qu'Il les voit, tout illuminés de la gloire du Christ, fruits de Sa Passion, investis par le don de l'Esprit dont la joie secrète sera toujours d'établir la communion et de rétablir la ressemblance, en jouant avec les différences.
Cette vie perdue, totalement mienne, et totalement leur, je rends grâce à Dieu qui semble l'avoir voulue tout entière pour cette joie-là, envers et malgré tout.
Dans ce merci où tout est dit, désormais, de ma vie, je vous inclus bien sûr, amis d'hier et d'aujourd'hui, et vous, ô amis d'ici, aux côtés de ma mère et de mon père, de mes sœurs et de mes frères et des leurs, centuple accordé comme il était promis !
Et toi aussi, l'ami de la dernière minute, qui n'auras pas su ce que tu faisais. Oui, pour toi aussi je le veux ce merci, et cet « à-dieu » envisagé de toi. Et qu'il nous soit donné de nous retrouver, larrons heureux, en paradis, s'il plaît à Dieu, notre Père à tous deux.
Amen ! Inch' Allah.

Christian de Chergé
Testament, Alger, 1er décembre 1993 – Tibhirine, 1er janvier 1994

Christian de Chergé (1937-1996), religieux trappiste, après une enfance en partie passée en Algérie, est ordonné à Saint-Sulpice en 1964. Il choisit en 1971 de rejoindre le monastère de Tibhirine dont il devient le supérieur. Grand connaisseur de l'islam, il favorisera toujours le dialogue entre les chrétiens et les musulmans. Il a été assassiné, en compagnie de six frères de sa communauté, en 1996, dans des circonstances demeurées mystérieuses.

Je suis à toi

approche
approche-toi de moi
écoute écoute-moi
je parle en toi

viens plus près
viens toi en réponse à l'oreille me dire
ta vie
tout contre me raconter
ton cœur

approche je vais l'ouvrir
opérer le salut la guérison
approche-toi pour moi

écoute écoute je chante

réjouis-toi vois  je suis à toi
je danse avec toi

allons, ma joie, accroche-toi au bois,
ne lâche pas ma main

. va

Frère Christophe
Aime jusqu'au bout du feu

Christophe Lebreton (1950-1996), moine trappiste, découvre sa vocation grâce à l'influence de l'abbé Pierre et des écrits de Charles de Foucauld. Lors de sa coopération en Algérie, il visite le monastère de Tibhirine où il souhaitera retourner plus tard pour y prononcer ses premiers vœux en1976 avant d'y revenir définitivement en 1987. Il est auteur d'un journal intime, *Le Souffle du Don*, et de très beaux poèmes qui révèlent son cœur de tendresse et de feu. Il a été assassiné, en compagnie de six frères de sa communauté, en 1996, dans des circonstances demeurées mystérieuses.

Dieu, c'est ce que savent les enfants

Il y a quelque chose dans le monde qui résiste au monde, et cette chose ne se trouve ni dans les églises, ni dans les cultures, ni dans la pensée que les hommes ont d'eux-mêmes, dans la croyance mortifère qu'ils ont d'eux-mêmes en tant qu'êtres sérieux, adultes, raisonnables, et cette chose n'est pas une chose mais Dieu et Dieu ne peut tenir dans rien sans aussitôt l'ébranler, le mettre bas, et Dieu immense ne sait tenir que dans les ritournelles d'enfance, dans le sang perdu des pauvres ou dans la voix des simples et tous ceux-là tiennent Dieu au creux de leurs mains ouvertes, un moineau trempé comme du pain par la pluie, un moineau transi, criard, un Dieu piailleur qui vient manger dans leurs mains nues.

Dieu, c'est ce que savent les enfants, pas les adultes.

Christian Bobin
Le Très-Bas

Christian Bobin (né en 1951), écrivain, est tour à tour poète, moraliste et diariste. Il est l'auteur d'une œuvre fragmentaire où la foi chrétienne tient une grande place (*Une petite robe de fête, Le Très-Bas, La Plus que vive*...).

Aider ce Dieu démuni

Et l'on pense à la parabole de la brebis perdue ; n'est-il pas dit qu'au nom de celle-là, le maître « abandonne les quatre-vingt-dix-neuf autres dans le désert pour s'en aller après celle qui est perdue, jusqu'à ce qu'il l'ait retrouvée » (Luc 15,4) ?, et que, lorsque enfin il la retrouve, il la porte tout joyeux sur ses épaules et se réjouit bien davantage de ces retrouvailles que des multiples justes demeurés fidèles ?

Mais le nombre des justes est terriblement éloigné de ce pourcentage – celui-ci est même inversé à l'excès. Pour un juste, combien d'iniques, de fourbes, pour un fidèle, combien de traîtres, de parjures, pour un ardent, combien d'indifférents, et pour un saint, combien de criminels ? La disproportion est gigantesque, tragique. Et le tourment de Dieu, sa douleur ont cette démesure. De même son errance.

Pendant ce temps les justes abandonnés dans le désert tiennent ferme, malgré leur propre désarroi et leurs heures d'agonie dans la nuit du néant. [...] Leur souci premier reste en permanence d'aider ce Dieu démuni, de consoler ce Dieu répudié, de lui trouver de nouveaux abris – les seuls qu'il consente à habiter : l'innombrable cœur humain.

Sylvie Germain
Les Échos du silence

Sylvie Germain (née en 1954), écrivain, a publié plusieurs romans magistraux dont *Jours de colère* ou *Magnus*, ainsi qu'une poignante biographie d'Etty Hillesum. Ses ouvrages témoignent d'une forte quête spirituelle.

Sources des textes cités

p. 26 La Bible, traduction de Louis Segond, www.info-bible.org

p. 29 *Ibid.*

p. 30 *Ibid.*

p. 33 *Ibid.*

p. 34 Saint Augustin, *Confessions*, traduction d'Arnauld d'Andilly, Folio, 1993

p. 37 Dom Claude Jean Nesmy, *Saint Benoît*, Seuil, 1959

p. 38 Abélard et Héloïse, *Correspondance*, 10/18, 1979

p. 40 Dom Jean Leclercq, *Saint Bernard*, Seuil, 1966

p. 43 Saint Dominique, *La Vie apostolique*, Cerf, 1965

pp. 46-47 Site prier.be

p. 48 Maître Eckhart, *Conseils spirituels*, traduction de Wolfgang Wackernagel, Rivages poche, 2003

p. 50 François Villon, *Poésies complètes*, Le Livre de Poche, 1991

p. 53 Martin Luther, *De la liberté du chrétien, préfaces à la Bible*, traduction de Philippe Büttgen, Seuil, 1996

p. 54 *L'Esprit de sainte Thérèse, recueilli de ses œuvres et de ses lettres avec ses opuscules*, Lyon, Pierre Bruyset Ponthus, 1779

p. 57 Saint Jean de la Croix, *Le Cantique spirituel*, traduction de Jean Descola, Alexis Redier Éditeur, 1932

p. 58 Saint François de Sales, *Introduction à la vie dévote*, Seuil, 1962

p. 60 *Les Plus Belles Lettres de saint Vincent de Paul*, Calmann-Lévy, 1961

p. 63 Pascal, *Pensées*, Le Livre de Poche, 1972

p. 64 *Séraphim de Sarov*, traduction d'Irina Goraïnoff, Abbaye de Bellefontaine, 2004

p. 66 François-René de Chateaubriand, *Génie du christianisme*, Garnier-Flammarion, 1993

p. 69 Bernard Nodet, *Jean-Marie Vianney, curé d'Ars, sa pensée, son cœur*, Cerf, 2006

p. 71 Alphonse de Lamartine, *Harmonies poétiques et religieuses*, Bibliothèque de la Pléiade, Gallimard, 1963

p. 72 Charles Stephen Dessain, *Pour connaître Newman*, traduction de Gérard Joulié, Ad Solem, 2010

p. 75 Victor Hugo, *Œuvres poétiques*, Bibliothèque de la Pléiade, Gallimard, 1967

p. 76 Fiodor Dostoïevski, *Les Frères Karamazov*, traduction d'Élisabeth Guertik, Le Livre de Poche, 1972

p. 78 Léon Tolstoï, *Confession*, traduction de Luba Jurgenson, Pygmalion, 1998

p. 81 Paul Verlaine, *Œuvres poétiques complètes*, Bibliothèque de la Pléiade, Gallimard, 1938

p. 82 Anonyme, *Récits d'un pèlerin russe*, traduction de Jean Laloy, Éditions de la Baconnière, 1947

p. 85 Denise et Robert Barrat, *Charles de Foucauld et la fraternité*, Seuil, 1958

p. 86 Paul Claudel, *Poèmes de guerre* in *Œuvres poétiques*, Bibliothèque de la Pléiade, Gallimard, 1957

p. 89 Francis Jammes, *Œuvres poétiques complètes*, Atlantica, 2006

p. 91 Charles Péguy, *Prières dans la cathédrale de Chartres*, Corsaire, 1998

p. 92 Sainte Thérèse de l'Enfant-Jésus et de la Sainte-Face, *Histoire d'une âme écrite par elle-même*, Le Sarment, 2005

p. 94 Gilbert Keith Chesterton, *Orthodoxie*, traduction de Lucien d'Azay, Climats, 2010

p. 97 Pierre Teilhard de Chardin, *Le Milieu divin. Essai de vie antérieure. Œuvres t. 4*, © Éditions du Seuil, 1957, Points Sagesse, 1993

p. 98 Daniel Massignon, *Le Voyage en Mésopotamie et la conversion de Louis Massignon en 1908*, Cerf, 2001

p. 100 Marie Noël, *Notes intimes*, Stock, 1959, 1998

p. 103 *Padre Pio le témoin*, textes choisis, traduits et présentés par Joachim Bouflet, Points Sagesse, © Éditions du Seuil, 2009

p. 104 Bernard de Boissière, France-Marie Chauvelot, *Maurice Zundel*, Presses de la Renaissance, 2007

p. 106 *Lanza del Vasto*, textes choisis par Arnaud de Mareuil, Seghers, 1966

p. 109 Raymond Peyret, *Petite vie de Marthe Robin*, Peuple libre/Desclée de Brouwer, 1988

p. 110 Yves Congar, *Esprit de l'homme, esprit de Dieu*, Cerf, 1983

p. 112 Graham Greene, *Une sorte de vie*, traduction de Georges Belmont et Hortense Chabrier, Robert Laffont, 1971

p. 115 Hans-Urs von Balthasar, *La vérité est symphonique, Aspects du pluralisme chrétien*, Parole et Silence, 2000

p. 116 Arnaud Corbic, *Dietrich Bonhoeffer, Le Seigneur des non-religieux*, Les Éditions franciscaines, 2011

p. 119 Sofia Stril-Rever, *La Folie d'amour, entretiens avec sœur Emmanuelle*, Flammarion, 2005

p. 120 Site spiritualite-chretienne.com

p. 123 Jean Grosjean, *Les Versets de la sagesse*, Philippe Lebaud, 1996

p. 124 Abbé Pierre, *Testament…*, Bayard, 1994

p. 126 Pierre Ceyrac, *Pèlerin des frontières*, Cerf, 1998

p. 129 Christophe Henning, dom Thomas Georgeon, *Frère Luc, la biographie*, Bayard, 2011

p. 130 Site catholique95.com

p. 133 *Aime jusqu'au bout du feu, frère Christophe, moine-martyr de Tibhirine, cent poèmes de vérité et de vie choisis et présentés par frère Didier, moine à l'abbaye Notre-Dame de Tamié*, Monte-Cristo, 1997

p. 134 Christian Bobin, *Le Très-Bas*, Gallimard, 1992

p. 137 Sylvie Germain, *Les Échos du silence*, Desclée de Brouwer, 1996

Légendes des photographies

Table

Photogravure : IGS

Cet ouvrage a été reproduit et achevé d'imprimer en septembre 2011
dans les ateliers de l'imprimerie Lego à Vicenza en Italie.

Dépôt légal : octobre 2011
ISBN : 978-2-84876-198-5